2025 中财传媒版
年度全国会计专业技术资格考试辅导系列丛书·注定会赢®

中级会计实务
全真模拟试题

财政部中国财经出版传媒集团　组织编写

中国财经出版传媒集团
经济科学出版社
·北京·

图书在版编目（CIP）数据

中级会计实务全真模拟试题／财政部中国财经出版
传媒集团组织编写 . -- 北京：经济科学出版社，2025.
4. -- （中财传媒版 2025 年度全国会计专业技术资格考试
辅导系列丛书）. -- ISBN 978 - 7 - 5218 - 6775 - 6

Ⅰ . F233 - 44

中国国家版本馆 CIP 数据核字第 2025F379F5 号

责任编辑：张若丹
责任校对：李　建
责任印制：张佳裕

中级会计实务全真模拟试题

ZHONGJI KUAIJI SHIWU QUANZHEN MONI SHITI

财政部中国财经出版传媒集团　组织编写

经济科学出版社出版、发行　新华书店经销

社址：北京市海淀区阜成路甲 28 号　邮编：100142

总编部电话：010 - 88191217　发行部电话：010 - 88191522

天猫网店：经济科学出版社旗舰店

网址：http://jjkxcbs. tmall. com

北京季蜂印刷有限公司印装

787×1092　16 开　9.5 印张　210000 字

2025 年 4 月第 1 版　2025 年 4 月第 1 次印刷

ISBN 978 - 7 - 5218 - 6775 - 6　定价：38.00 元

（图书出现印装问题，本社负责调换。电话：010 - 88191545）

（打击盗版举报热线：010 - 88191661，QQ：2242791300）

前　　言

2025 年度全国会计专业技术中级资格考试大纲已经公布，辅导教材也已正式出版发行。与 2024 年度相比，新考试大纲及辅导教材的内容都有所变化。为了帮助考生准确理解和掌握新大纲和新教材的内容、顺利通过考试，中国财经出版传媒集团本着为广大考生服务的态度，严格按照新大纲和新教材内容，组织编写了中财传媒版 2025 年度全国会计专业技术资格考试辅导"注定会赢"系列丛书。

该系列丛书包含 3 个子系列，共 9 本图书，具有重点把握精准、难点分析到位、题型题量丰富、模拟演练逼真等特点。本书属于"全真模拟试题"子系列，每本书包括 8 套试题，其题型、题量及难易程度均依照 2024 年度全国会计专业技术中级资格考试真题设计，每套试题附有参考答案和解析，帮助考生增强应考冲刺能力。

中国财经出版传媒集团旗下"中财云知"App 为购买本书的考生提供线上增值服务。考生使用微信扫描封面下方的防伪码并激活下载 App 后，可免费享有题库练习、学习答疑、每日一练等增值服务。

全国会计专业技术资格考试是我国评价选拔会计人才、促进会计人员成长的重要渠道，是中国式现代化人才战略的重要组成部分。希望广大考生在认真学习教材内容的基础上，结合本丛书准确理解和全面掌握应试知识点内容，顺利通过 2025 年会计资格考试，在会计事业发展中不断取得更大进步，为中国式现代化建设贡献更多力量！

书中如有疏漏和不当之处，敬请批评指正。

财政部中国财经出版传媒集团

2025 年 4 月

目 录

2025 年度中级会计资格
《中级会计实务》全真模拟试题（一）

一、单项选择题（本类题共 10 小题，每小题 1.5 分，共 15 分。每小题备选答案中，只有一个符合题意的正确答案。错选、不选均不得分）

1. 甲公司通过多次交易分步处置对子公司股权投资直至丧失控制权，且交易属于"一揽子"交易。不考虑其他因素，下列表述中，正确的是（　　）。

A. 应当将各项交易分别作为处置子公司股权投资并丧失控制权的交易进行会计处理

B. 应当将各项交易作为一项处置子公司股权投资并丧失控制权的交易进行会计处理

C. 在丧失控制权之前每一次处置价款与所处置的股权对应的长期股权投资账面价值之间的差额，个别报表中应当确认为投资收益

D. 在丧失控制权之前每一次处置价款与所处置的股权对应的长期股权投资账面价值之间的差额，先在备查账中登记，到丧失控制权时再一并转入丧失控制权的当期损益

2. 2×24 年 9 月，甲公司管理人员张某休婚假 5 天。甲公司与张某签订的劳动合同中规定，张某的月薪为 9 000 元，每月按照 22.5 天计算，员工在劳动合同期限内领证结婚的，可休 3 天婚假。不考虑其他因素，该业务影响甲公司 2×24 年 9 月营业利润的金额是（　　）元。

  A. 8 200　　　　　B. 7 000　　　　　C. 9 000　　　　　D. 7 800

3. 2×24 年 4 月 1 日，甲公司向银行申请一笔专门借款，用于建造办公楼。5 月 20 日，甲公司收到该笔借款并用于购买首期工程物资。5 月 25 日，开始施工建造。7 月 19 日，因例行安全检查而暂停施工，7 月 31 日，复工兴建。甲公司该笔借款的费用开始资本化的时点是（　　）。

  A. 2×24 年 4 月 1 日　　　　　　　　B. 2×24 年 5 月 20 日

  C. 2×24 年 5 月 25 日　　　　　　　　D. 2×24 年 7 月 31 日

4. 2×24 年 12 月 31 日，法院尚未对甲公司合同违约的诉讼作出判决。甲公司预计

很可能败诉，赔偿金额在 80 万元至 120 万元之间（在该区间内每个金额的可能性均相同），另需承担诉讼费用 10 万元。当日，甲公司基本确定可以从第三方处获得补偿款 60 万元。不考虑其他因素，甲公司 2×24 年 12 月 31 日该未决诉讼应确认预计负债的金额是（　　）万元。

    A. 80   B. 120   C. 110   D. 50

5. 债权人债务重组采用修改其他条款方式进行的，重组债权的确认金额与债权终止确认日账面之间的差额计入（　　）。

    A. 其他收益   B. 投资收益

    C. 其他综合收益   D. 资产处置损益

6. 2×24 年 6 月 3 日，甲公司以一条生产线和一项应收账款交换乙公司拥有的一项专利技术。交换日，甲公司生产线的账面余额 500 万元，累计折旧 140 万元；应收账款的账面价值 40 万元，公允价值 60 万元。乙公司专利技术账面余额 420 万元，累计摊销 20 万元。上述两项非货币性资产的公允价值均不能够可靠计量，且该非货币性资产交换具有商业实质，整个交易过程中也没有发生相关税费。不考虑其他因素，下列说法正确的是（　　）。

    A. 甲公司换入的专利技术的入账价值为 420 万元

    B. 乙公司换入的生产线的入账价值为 340 万元

    C. 甲公司确认非货币性资产交换利得 20 万元

    D. 乙公司确认非货币性资产交换损失 20 万元

7. 甲公司是乙公司的股东，为了弥补乙公司临时性经营现金流短缺，甲公司向乙公司提供 2 000 万元无息借款，约定 6 个月后收回。借款期满时，尽管乙公司具有充足的现金流，甲公司仍然决定免除乙公司部分本金还款义务，仅收回 2 000 万元借款。不考虑其他因素，关于上述业务的会计处理中，正确的是（　　）。

    A. 甲公司应将该交易作为权益性交易，并确认债务重组相关损益

    B. 乙公司应将该交易作为权益性交易，并确认债务重组相关损益

    C. 甲公司应将该交易作为权益性交易，但不确认债务重组相关损益

    D. 乙公司不应将该交易作为权益性交易，但应确认债务重组相关损益

8. 甲公司 2×24 年度利润总额为 500 万元，其中本年度国债利息收入 25 万元，税收滞纳金 10 万元，实际发生的公益性捐赠支出 50 万元（税法核定的公益性捐赠支出 30 万元）。递延所得税负债年初数 2 万元，年末数 4 万元；递延所得税资产年初数 5 万元，年末数 2 万元。甲公司适用的企业所得税税率为 25%。不考虑其他因素，甲公司 2×24 年度应纳税所得额为（　　）万元。

    A. 500   B. 505   C. 504   D. 506

9. 甲公司从乙公司租入一辆汽车，租赁期为两年，租赁费用共计 60 万元。同时乙公司还向甲公司派出一名司机，该名司机在租赁期内按照甲公司的安排驾驶该租赁汽车，不考虑折现及其他因素。下列关于上述租赁交易会计处理的表述中，正确的是（　　）。

A. 乙公司分拆租赁部分和非租赁部分，分别按照租赁准则和收入准则进行会计处理

B. 乙公司按租赁准则每月确认租赁收入 2.5 万元

C. 乙公司按收入准则每月确认服务收入 2.5 万元

D. 甲公司按接受服务进行会计处理

10. 2×24 年 10 月 15 日，甲公司销售一批商品给子公司乙公司，该批商品的售价为 3 000 万元（不含增值税），成本为 2 200 万元。至 2×24 年 12 月 31 日，乙公司对外销售该批商品的 80%。不考虑其他因素，甲公司在编制 2×24 年 12 月 31 日合并资产负债表时，"存货"项目应抵销的金额为（　　）万元。

A. 160　　　　　B. 440　　　　　C. 600　　　　　D. 640

二、多项选择题（本类题共 10 小题，每小题 2 分，共 20 分。每小题备选答案中，有两个或两个以上符合题意的正确答案。请至少选择两个答案，全部选对得满分，少选得相应分值，多选、错选、不选均不得分）

1. 下列各项中，属于企业确定存货的可变现净值时应考虑的因素有（　　）。

A. 存货可变现净值的确凿证据　　　B. 持有存货的目的

C. 资产负债表日后事项的影响　　　D. 实际已发生的加工成本

2. 下列各项中，应当计入自行生产的存货的成本的有（　　）。

A. 生产车间管理人员的薪酬

B. 劳动保护费

C. 生产过程中为达到下一个生产阶段所必需的仓储费用

D. 修理期间的停工损失

3. 下列关于固定资产折旧方法的表述中，正确的有（　　）。

A. 双倍余额递减法下，加速计提折旧期间不考虑预计净残值

B. 双倍余额递减法下，应在折旧年限到期前两年内，按固定资产净值扣除预计净残值后的余额平均摊销

C. 年数总和法下，每年分母的预计使用寿命的逐年数字之和随着折旧年限增加而减少

D. 年数总和法下，年折旧率逐期递减

4. 甲、乙、丙、丁四家公司根据合营协议共同出资设立戊公司。协议约定，戊公司的相关经营活动决策需要 85% 以上有表决权的各方共同作出，当能够进行集体控制的参与方组合不止一个时，其组合中的参与方必须由甲公司和丁公司作出一致同意意见时方能形成集体控制。不考虑其他因素，下列股权组合中，能够形成集体控制的有（　　）。

A. 甲公司 55%、乙公司 20%、丙公司 15%、丁公司 10%

B. 甲公司 45%、乙公司 20%、丙公司 5%、丁公司 30%

C. 甲公司 40%、乙公司 30%、丙公司 15%、丁公司 15%

D. 甲公司60%、乙公司20%、丙公司10%、丁公司10%

5. 企业在预计资产未来现金流量时,不应包括（   ）。

A. 筹资活动产生的现金流量

B. 所得税收付产生的现金流量

C. 资产持续使用过程中预计产生的现金流量

D. 资产使用寿命结束时,处置资产所收到或支付的净现金流量

6. 下列金融资产中,不得重分类的有（   ）。

A. 交易性金融资产（股票投资）

B. 债权投资

C. 其他权益工具投资

D. 其他债权投资

7. 下列各项外币资产发生的汇兑差额,能够影响当期损益的有（   ）。

A. 应收账款   B. 银行存款

C. 交易性金融资产   D. 其他权益工具投资

8. 甲公司是乙公司的母公司,2×24年9月30日,甲公司向乙公司出售一件产品,乙公司将该产品作为管理用固定资产,并于当日投入使用。该产品的售价为1 000万元,成本为800万元,款项已于当日收存银行。乙公司预计该固定资产的使用寿命为10年,预计净残值为0,采用年限平均法计提折旧。适用的所得税税率为25%,不考虑其他因素。甲公司2×24年编制合并财务报表时,对于该项内部交易的抵销分录处理正确的有（   ）。

A. 借：营业收入   1 000

    贷：营业成本   800

        固定成本——原价   200

B. 借：固定资产——累计折旧   5

    贷：管理费用   5

C. 借：递延所得税资产   48. 75

    贷：所得税费用   48. 75

D. 借：所得税费用   48. 75

    贷：递延所得税负债   48. 75

9. 下列各项中,属于会计政策的有（   ）。

A. 会计信息质量要求   B. 企业会计的会计确认基础

C. 会计计量基础   D. 具体会计处理方法

10. 甲公司2×24年度财务报告于2×25年4月10日批准对外报出。2×24年10月1日,甲公司与非关联方乙公司签订一项债务担保协议,约定为乙公司一项债务承担无限连带赔偿责任,金额为1 000万元。2×24年12月甲公司得知乙公司财务状况恶化,经咨询律师确认了预计负债200万元,当年实现的利润总额为7 800万元。2×25年3月15日,乙公司财务状况进一步恶化,经咨询律师应确认预计负债800万元。甲

公司适用的所得税税率为 25%，根据税法规定，企业为其他方提供债务担保导致的损失不得税前扣除。不考虑其他因素，下列有关甲公司会计处理的表述中，正确的有（   ）。

    A. 甲公司应将 2×24 年确认预计负债的金额调整为 800 万元

    B. 甲公司因该事项导致 2×24 年利润表营业利润减少 800 万元

    C. 甲公司应确认递延所得税资产 200 万元

    D. 甲公司应确认应交所得税 2 000 万元

三、判断题（本类题共 10 小题，每小题 1 分，共 10 分。请判断每小题的表述是否正确。每小题答案正确的得 1 分，错答、不答均不得分，也不扣分）

1. 企业应根据与固定资产有关的经济利益的预期消耗方式，合理选择固定资产的折旧方法。（   ）

2. 企业接受投资者投入的无形资产的成本，应当包括协议约定价值（不公允的除外）、相关税费以及为使无形资产达到预定可使用状态的相关费用。（   ）

3. 成本法下被投资方宣告分派现金股利时，投资方应根据享有的部分，通过"投资收益"科目核算。（   ）

4. 以现金结算的股份支付在授予日不作会计处理，但权益结算的股份支付应予处理。（   ）

5. 对于已履行的履约义务，其分摊的可变对价后续变动额应当调整变动当期的收入。（   ）

6. 与收益相关的政府补助，主要是用于补偿企业已发生或即将发生的相关成本费用或损失，受益期相对较长，通常在满足补助所附条件时计入当期损益或冲减相关成本。（   ）

7. 外币一般借款在资本化期间其本金与利息所产生的汇兑差额，应当予以资本化，计入符合资本化条件的资产的成本。（   ）

8. 终止经营的相关损益应当作为终止经营损益列报，列报的终止经营损益期间为认定终止经营后的报告期间。（   ）

9. 母公司在报告期内因非同一控制下企业合并增加的子公司及业务，应当将该子公司购买日至报告期末的现金流量纳入合并现金流量表。（   ）

10. 行政单位收到无偿调入的资产，应按该资产的市场价格和相关税费进行核算。（   ）

四、计算分析题（本类题共 2 小题，共 22 分，第 1 小题 10 分，第 2 小题 12 分。凡要求计算的，应列出必要的计算过程；计算结果出现小数的，均保留小数点后两位小数）

1. 甲公司为大型钢铁制造企业，2×22～2×24 年，发生与环保设备相关的交易或事项如下：

资料一：2×22 年 4 月 17 日，甲公司以银行存款 1 500 万元购入一台需安装的环保设备。甲公司为安装该设备领用生产用原材料 100 万元；领用自产产品一批，账面价值 180 万元，市场价值 200 万元；以银行存款支付安装人员薪酬 70 万元。2×22 年 8 月 19 日，该环保设备达到预定可使用状态，预计可使用年限 5 年，预计净残值为 50 万元，甲公司采用年数总和法计提折旧。

资料二：2×23 年 12 月 18 日，该环保设备核心零件损坏，甲公司对该设备进行改造维修。改造过程中耗用工程物资 200 万元，以银行存款支付安装人员薪酬 10 万元，被替换的零件账面价值 50 万元。2×23 年 12 月 31 日，该环保设备改造完成并达到预计可使用状态，预计剩余使用年限 4 年，预计净残值为 50 万元，依旧采用年数总和法计提折旧。

资料三：2×24 年 6 月 23 日，甲公司应环保部门要求，将公司迁往 A 市郊区。甲公司决定购置一台免安装的新型环保设备，并将现有环保设备出售。甲公司卖得价款 960 万元，另以银行存款支付设备拆卸费用 10 万元。

本题不考虑增值税等相关因素。

要求：

（1）编制 2×22 年 4 月 17 日甲公司取得环保设备以及环保设备达到预定可使用状态的相关会计分录。

（2）计算 2×23 年甲公司该环保设备计提的折旧额。

（3）编制 2×23 年 12 月 18 日至 2×23 年 12 月 31 日环保设备改造及达到预定可使用状态的相关会计分录。

（4）计算 2×24 年 6 月 23 日出售该环保设备的损益金额，并编制相关会计分录。

2. 2×24 年度，甲公司发生以下业务：

资料一：4 月 30 日，甲、乙公司签署一份转让协议，约定拟在 3 个月内向乙公司转让一台 A 生产设备。该设备的原值为 120 万元，每月计提折旧 2 万元，至 2×24 年 3 月 31 日已计提折旧 34 万元。经减值测试，当日该设备的可回收金额为 80 万元。该设备满足划分持有待售类别的其他条件。

资料二：5 月 1 日，甲公司将 A 生产设备划分为持有待售类别。当日，该设备的公允价值减去出售费用后的净额为 75 万元。同日，甲公司购入非关联方丙公司的全部股权，支付价款 1 600 万元。甲公司管理层决定在购入丙公司股权的 3 个月内将其出售给丁公司，且当前状况下可立即出售。甲公司预计还将为出售丙公司股权支付 12 万元的出售费用，并计划于 5 月 31 日与丁公司签署股权转让合同。当日，丙公司股权的公允价值与支付价款 1 600 万元一致。

资料三：6 月 30 日，A 生产设备的公允价值减去出售费用后的净额为 81 万元；丙公司股权的公允价值为 1 607 万元，甲公司预计转让丙公司股权还将支付 8 万元的出售费用。

资料四：7 月 19 日，甲公司为转让丙公司股权支付律师费 5 万元。7 月 25 日，甲公司完成对丙公司股权的转让，收到价款 1 607 万元。

要求：

（1）根据资料一，编写甲公司 A 生产设备划分为持有待售类别前的相关账务处理。

（2）根据资料二，编写甲公司将 A 生产设备划分为持有待售类别时的账务处理。

（3）根据资料二，计算甲公司 2×24 年 5 月 1 日取得丙公司股权投资的初始入账价值，并编制相关会计分录。

（4）根据资料三，编制相关会计分录。

（5）根据资料四，计算甲公司 2×24 年 7 月 19 日出售丙公司股权应确认的损益金额，并编制相关会计分录。

五、综合题（本类题共 2 小题，共 33 分，第 1 小题 15 分，第 2 小题 18 分。凡要求计算的，应列出必要的计算过程；计算结果出现小数的，均保留小数点后两位小数）

1. 甲大型家电零售连锁公司（以下简称甲公司）为增值税一般纳税人，适用的增值税税率为 13%。2×23 年发生部分交易与事项如下：

资料一：2×23 年 9 月 30 日，甲公司以 666 元的价格向顾客销售 A 产品，购买 A 产品的顾客可得 1 张 70% 的折扣券，客户可在未来 7 天内使用该折扣券购买原价不超过 700 元的任意产品。同时甲公司计划推出节日促销活动，在未来 7 天内针对所有产品均提供 10% 的折扣。上述两项优惠不可叠加使用。根据历史经验，甲公司预计有 60% 的客户会使用该折扣券，额外购买的产品的金额平均为 650 元。上述金额均不包含增值税，且假定不考虑相关税费的影响。

资料二：2×23 年 11 月 10 日，甲公司向客户销售了 20 000 张储值卡，每张卡的面值为 500 元，总额 1 000 万元。客户可在"双 11 购物节"甲公司经营的任何一家门店使用该储值卡进行消费。根据历史经验，甲公司预计客户购买的储值卡中将有大约相当于储值卡面值金额 5%（即 50 万元）的部分不会被消费。2×23 年 11 月 11 日，客户使用该储值卡消费的金额为 800 万元，甲公司在客户使用该储值卡消费时发生增值税纳税义务。

要求：

（1）根据资料一，判断折扣券是否构成单项履约义务，并说明理由。

（2）根据资料一，计算甲公司 2×23 年 9 月 30 日促销活动销售 A 产品时应确认的收入，并编制相关会计分录。

（3）根据资料二，判断客户未行使的合同权利相关金额 50 万元，甲公司应如何确认收入，并说明理由。

（4）根据资料二，编制甲公司与储值卡销售和消费的相关会计分录。（小数点后保留两位小数）

2. 甲公司对乙公司进行股票投资。2×24～2×25 年相关资料如下：

资料一：2×24 年 1 月 1 日，甲公司以银行存款 672 万元从非关联方购买乙公司 60% 的股权，乙公司可辨认净资产账面价值为 1 030 万元，其中，股本为 600 万元，其他综合收益为 20 万元，盈余公积为 150 万元，资本公积为 125 万元，未分配利润为

135 万元。除一项存货的公允价值高于账面价值 25 万元外，乙公司其他各项可辨认资产、负债的公允价值与其账面价值均相同。该存货于 2×24 年 12 月 31 日出售 80%。

资料二：2×24 年 12 月 31 日，乙公司实现净利润 390 万元，提取盈余公积 39 万元，宣告分配现金股利 150 万元。

资料三：至 2×24 年 12 月 31 日，甲公司应收乙公司货款 580 万元，甲公司尚未收到乙公司所欠货款，甲公司根据预期信用损失模型对应收账款计提坏账准备 30 万元。

资料四：2×25 年 12 月 31 日，甲公司应收乙公司的应收账款余额为 570 万元，甲公司根据预期信用损失模型对应收账款计提坏账准备 45 万元。

其他资料：甲公司按照净利润的 10% 提取法定盈余公积。假定不考虑增值税、所得税等相关税费及其他因素。

要求：

（1）计算购买日的商誉金额以及少数股东权益的金额。

（2）编制 2×24 年 12 月 31 日合并资产负债表与存货相关的调整分录。

（3）编制 2×24 年 12 月 31 日合并资产负债表与应收账款相关的抵销分录。

（4）编制 2×24 年 12 月 31 日合并资产负债表、利润表相关的调整和抵销分录。

（5）编制 2×25 年 12 月 31 日合并资产负债表与应收账款相关的抵销分录。

2025 年度中级会计资格
《中级会计实务》全真模拟试题（二）

一、单项选择题（本类题共 10 小题，每小题 1.5 分，共 15 分。每小题备选答案中，只有一个符合题意的正确答案。错选、不选均不得分）

1. 对于财务会计报表中计提减值准备的资产项目，在财务会计报表的正表中采用净额列示的，应在附注中说明相应已计提减值准备的金额，这体现的会计信息质量要求是（　　）。

   A. 可靠性　　　　　　　　　　　B. 可理解性

   C. 谨慎性　　　　　　　　　　　D. 实质重于形式

2. 甲企业委托乙企业加工生产一批应税消费品。发出的原材料成本为 200 万元，分别支付加工费 70 万元，消费税 30 万元。收回后继续用于加工 M 应税消费品。不考虑其他因素，甲企业收回该应税消费品的入账价值为（　　）万元。

   A. 270　　　　　B. 300　　　　　C. 310　　　　　D. 400

3. 2×23 年 2 月，甲公司以银行存款 1 600 万元自非关联方处取得乙公司 10% 的股权，甲公司将其划分为以公允价值计量且其变动计入其他综合收益的金融资产。2×24 年 1 月，甲公司又以 2 500 万元自另一非关联方处取得乙公司 15% 的股权，相关手续于当日完成。当日，乙公司可辨认净资产公允价值总额为 16 800 万元，甲公司原持有乙公司 10% 的股权的公允价值为 1 680 万元。取得该部分股权后，甲公司能够对乙公司施加重大影响，并对该股权投资转为权益法核算，甲公司按照净利润的 10% 计提法定盈余公积。假定不考虑其他因素，甲公司股权投资业务对 2×24 年损益的影响金额为（　　）万元。

   A. 80　　　　　B. 20　　　　　C. 100　　　　　D. 60

4. 2×24 年 3 月 31 日，甲公司持有的一项固定资产出现减值迹象，经减值测试，其公允价值为 600 万元，预计处置费用为 40 万元；预计未来现金流量现值为 550 万元；该项固定资产账面价值为 625 万元。不考虑其他因素，2×24 年 3 月 31 日应确认该固定资产减值损失的金额为（　　）万元。

　　A. 115　　　　　　B. 25　　　　　　C. 65　　　　　　D. 75

5. 2×23 年 5 月 31 日，甲公司有一项未决诉讼很可能败诉，预计赔偿金额在 100 万元至 120 万元之间，且这个区间内的每个金额发生的可能性相同。该未决诉讼是由于交付产品存在严重质量问题，经调查，产品质量问题系乙公司提供材料不合规所致。根据规定，甲公司有权要求乙公司补偿损失，预计能够取得的补偿金额为 80 万元，该补偿很可能收回。假定不考虑其他因素，甲公司因该未决诉讼应确认的损失为（　　）万元。

　　A. 110　　　　　　B. 30　　　　　　C. 120　　　　　　D. 40

6. 2×24 年 12 月 31 日，甲公司与乙公司达成一份债务重组协议。协议约定，甲公司以一幢厂房抵偿前欠货款 800 万元。当日，甲公司该厂房的账面原值为 950 万元，已计提折旧 300 万元，市场价值 700 万元。已知，该厂房适用的增值税税率为 9%，相关产权转移手续已经完成，并开具增值税专用发票。不考虑其他因素，甲公司应确认的债务重组损益金额是（　　）万元。

　　A. 150　　　　　　B. 37　　　　　　C. 87　　　　　　D. 100

7. 甲公司对政府补助采用总额法进行会计处理，甲公司 2×24 年 12 月收到的下列各项政府补助款中，应在收到时确认为递延收益的是（　　）。

　　A. 上月用水补助款 21 万元

　　B. 环保设备的购置补助款 50 万元

　　C. 上月遭受自然灾害，申请的政府补助资金 30 万元

　　D. 即征即退的增值税款 20 万元

8. 2×24 年 12 月 15 日，甲公司向其子公司乙公司销售一批商品，不含增值税的销售价格为 1 000 万元，增值税税额为 130 万元，相关款项已收存银行；该批商品成本为 800 万元，不考虑其他因素，甲公司在编制 2×24 年度合并现金流量表时，"销售商品、提供劳务收到的现金"项目应抵销的金额为（　　）万元。

　　A. 800　　　　　　B. 1 130　　　　　　C. 1 000　　　　　　D. 930

9. 下列各项中，属于企业会计政策变更的是（　　）。

　　A. 将固定资产的剩余使用寿命由 5 年变更为 3 年

　　B. 将固定资产的折旧计提方法由年限平均法变更为工作量法

　　C. 将发出存货的计价方法由先进先出法变更为月末一次加权平均法

　　D. 将存货的可变现净值由 8 万元变更为 6 万元

10. 由于甲基金会的自身原因，甲基金会未能将捐赠款 100 万元全部用于目标脱贫地区，需要向捐赠人退还 30 万元，甲基金会应将退回的捐赠款 30 万元计入（　　）。

　　A. 管理费用

　　B. 其他费用

　　C. 捐赠收入——限定性收入

　　D. 业务活动成本

二、多项选择题（本类题共 10 小题，每小题 2 分，共 20 分。每小题备选答案中，有两个或两个以上符合题意的正确答案。请至少选择两个答案，全部选对得满分，少选得相应分值，多选、错选、不选均不得分）

1. 甲公司拥有的下列房地产中，属于投资性房地产的有（　　）。
   A. 租入后又转租的办公楼
   B. 自行建造的用于出租的办公楼
   C. 以融资租赁方式租出的厂房
   D. 持有并准备增值后转让的土地使用权

2. 企业对资产进行减值测试时，预计未来现金流量现值需要考虑的因素有（　　）。
   A. 剩余使用年限　　　　　　　　B. 预计未来现金流量
   C. 账面价值　　　　　　　　　　D. 折现率

3. 关于企业集团内涉及不同企业的股份支付交易的会计处理，下列说法中正确的有（　　）。
   A. 接受服务企业没有结算义务或授予本企业职工的是其本身权益工具的，应当将该股份支付交易作为以权益结算的股份支付处理
   B. 结算企业为接受服务企业的投资者的，若不是以其本身权益工具而是以集团内其他企业的权益工具结算的，应当将该股份支付交易作为以现金结算的股份支付进行会计处理
   C. 结算企业是接受服务企业的投资者的，若以其本身权益工具结算的，应在个别财务报表中按授予日权益工具的公允价值确认长期股权投资和股本
   D. 接受服务企业具有结算义务且授予本企业职工的是企业集团内其他企业权益工具的，应将该股份支付交易作为以现金结算的股份支付处理

4. 企业对非货币性资产交换采用公允价值为基础计量应满足的条件有（　　）。
   A. 交换具有商业实质
   B. 换入资产的公允价值能够可靠计量
   C. 换出资产的公允价值能够可靠计量
   D. 属于非货币性资产交换准则中规定的非货币性资产交换业务

5. 下列交易或事项形成的负债中，其计税基础等于账面价值的有（　　）。
   A. 企业支付的税收滞纳金 100 万元
   B. 企业为关联方提供债务担保确认的预计负债 600 万元
   C. 企业因销售商品提供售后服务在当期确认的预计负债 450 万元
   D. 税法规定的收入确认时点与会计准则一致，会计确认合同负债 30 万元

6. 甲公司的记账本位币为人民币，其外币交易采用交易日的即期汇率折算。2×24 年 10 月 10 日，甲公司为增资扩股与某外商签订投资合同，当日收到外商投入资本 500 万英镑，当日的即期汇率为 1 英镑 = 8.46 人民币元，其中，4 200 万人民币元作

为注册资本的组成部分。假定投资合同约定的汇率为 1 英镑 = 8.45 人民币元。不考虑其他因素，上述外币业务对甲公司 2×24 年度财务报表项目影响的表述中，正确的有（　　）。

  A. 增加实收资本 4 200 万人民币元

  B. 增加货币资金 4 230 万人民币元

  C. 增加资本公积 30 万人民币元

  D. 增加财务费用 5 万人民币元

 7. 2×24 年 7 月 1 日，甲公司与乙公司签订一份租赁合同，将位于市区的写字楼以融资租赁的方式出租给乙公司。下列各项中，属于甲公司租赁收款额的有（　　）。

  A. 乙公司需支付的固定付款额

  B. 乙公司需支付的取决于指数的可变租赁付款额

  C. 乙公司支付的租赁保证金

  D. 乙公司的母公司提供的担保余值

 8. 2×24 年 11 月 30 日，甲公司与乙公司签订一项合同，约定将一项原值为 600 万元、已计提折旧 385 万元的固定资产，在 6 个月内以 200 万元的价格出售给乙公司，预计法律服务费为 10 万元。甲公司对该固定资产每月计提旧 5 万元。不考虑其他因素，下列关于甲公司 2×24 年会计处理的说法中正确的有（　　）。

  A. 2×24 年末资产负债表中持有待售资产的列报金额为 190 万元

  B. 2×24 年全年计提折旧额 55 万元

  C. 需要计提减值 25 万元

  D. 在资产负债表中应列为一年内到期的非流动资产

 9. 甲公司持有乙公司 80% 有表决权的股份，能够对乙公司实施控制，不考虑其他因素，下列各项甲公司发生的内部交易中，影响甲公司合并利润表中少数股东损益的有（　　）。

  A. 乙公司将一项设备以低于账面价值的价格销售给甲公司，甲公司作为固定资产核算

  B. 甲公司将一笔闲置资金免息提供给乙公司使用

  C. 乙公司将一批存货以高于成本的价格销售给甲公司，年末甲公司全部未对外售出该批存货

  D. 甲公司将一批存货以高于成本的价格销售给乙公司，年末乙公司全部未对外售出该批存货

 10. 2×23 年 9 月 1 日，甲科研事业单位以价值 1 500 万元的无形资产出资取得乙公司 30% 有表决权的股份。乙公司注册资本 6 000 万元，甲科研事业单位采用权益法核算。2×23 年度乙公司实现净利润 900 万元（假设乙公司各月实现均衡），2×24 年 1 月 1 日乙公司宣告发放现金股利 100 万元，1 月 20 日支付现金股利；2×24 年 6 月 30 日乙公司亏损 150 万元。不考虑其他因素，下列关于甲科研事业单位长期股权投资的会计处理中，正确的有（　　）。

A. 长期股权投资的初始投资成本为 1 800 万元

B. 2×23 年度应确认投资收益 270 万元

C. 2×24 年 1 月 1 日应确认应收股利 30 万元

D. 2×24 年 6 月 30 日应确认损失 45 万元

三、判断题（本类题共 10 小题，每小题 1 分，共 10 分。请判断每小题的表述是否正确。每小题答案正确的得 1 分，错答、不答均不得分，也不扣分）

1. 投资者投入存货，在投资合同或协议约定价值不公允的情况下，以该项存货的公允价值作为其入账价值。　　　　　　　　　　　　　　　　　　　　（　　）

2. 企业至少应当于每年年度终了，对固定资产使用寿命和预计净残值进行复核。
　　　　　　　　　　　　　　　　　　　　　　　　　　　　　　　　（　　）

3. 企业自行进行研究开发的无形资产，在研究阶段一般不会形成阶段性成果。
　　　　　　　　　　　　　　　　　　　　　　　　　　　　　　　　（　　）

4. 递延所得税资产的减值，应适用《企业会计准则第 8 号——资产减值》的规定进行会计处理。　　　　　　　　　　　　　　　　　　　　　　　　　　（　　）

5. 对共同经营不享有共同控制的非合营方，如果享有该共同经营相关资产且承担共同经营相关负债的，比照合营方进行会计处理。　　　　　　　　　　　（　　）

6. 在资本化期间内，外币一般借款的借款本金及其利息所产生的汇兑差额，满足资本化条件的，应当计入符合资本化条件的资产的成本。　　　　　　　　（　　）

7. 对于不能满足收入确认条件的合同，企业应当将已收取的对价作为负债进行会计处理。　　　　　　　　　　　　　　　　　　　　　　　　　　　　（　　）

8. 对于采用权益法核算的长期股权投资，企业的持有意图由长期持有转为拟近期出售，若该长期股权投资账面价值与其计税基础不同产生了暂时性差异，企业应该确认相关的递延所得税影响。　　　　　　　　　　　　　　　　　　　（　　）

9. 合并利润表中子公司发行债券确认的利息费用，母公司应当与持有子公司的其他债权投资确认的其他综合收益相互抵销。　　　　　　　　　　　　　（　　）

10. 涉及损益的资产负债表日后调整事项，发生在报告年度所得税汇算清缴后的，应调整报告年度的应纳所得税税额。　　　　　　　　　　　　　　（　　）

四、计算分析题（本类题共 2 小题，共 22 分，第 1 小题 10 分，第 2 小题 12 分。凡要求计算的，应列出必要的计算过程；计算结果出现小数的，均保留小数点后两位小数）

1. 2×22~2×24 年甲公司发生与新型专利技术有关的交易事项如下：

资料一：2×22 年 3 月 1 日，甲公司董事会批准研发一项新型专利技术。至 2×22 年 7 月 31 日，甲公司完成研究阶段，期间累计发生研发支出 300 万元，其中耗用原材料 150 万元，应付研发人员薪酬 100 万元，计提专用研发设备折旧费 50 万元。

资料二：2×22 年 8 月 1 日，甲公司进入新型专利技术的研发阶段。至 2×22 年 9

月30日，甲公司完成开发阶段，期间累计发生研发支出240万元，其中耗用原材料140万元，计提研发人员薪酬80万元和专用研发设备折旧费20万元。上述支出中，满足资本化条件的支出为210万元。

资料三：2×22年10月1日，甲公司该项新型专利技术达到预定用途，并支付注册登记费5万元。另支付该项新型专利技术生产产品的广告宣传费25万元。甲公司无法合理估计新型专利技术的使用寿命。

资料四：2×23年8月31日，该新型专利技术存在减值迹象，经减值测试，该新型专利技术的可收回金额为155万元。2×23年12月31日，经减值测试，该新型专利技术的可收回金额为160万元。

资料五：2×24年9月30日，甲公司出售该新型专利技术，并收取价款175万元。不考虑增值税等相关税费及其他因素。

要求：

（1）根据资料一，编制甲公司2×22年新型专利技术研发阶段相关支出的会计分录。

（2）根据资料二，编制甲公司2×22年新型专利技术开发阶段相关支出的会计分录。

（3）根据资料二与资料三，计算甲公司该项新型专利技术的入账价值，并编制相关会计分录。

（4）计算甲公司2×23年8月31日和2×23年12月31日新型专利技术的减值金额，并编制相关会计分录。

（5）计算甲公司2×24年9月30日对外出售新型专利技术应确认损益的金额，并编制相关会计分录。

2. 2×24~2×25年，甲公司发生的与股权投资相关的交易或事项如下：

资料一：2×24年1月1日，甲公司以银行存款5 950万元从非关联方取得乙公司20%有表决权的股份。另以银行存款支付手续费50万元，甲公司对该长期股权投资采用权益法核算。当日，乙公司可辨认净资产账面价值为32 000万元，各项可辨认资产、负债的公允价值与其账面价值均相同。本次投资前，甲公司未持有乙公司股份，且与乙公司不存在关联方关系，甲公司和乙公司的会计政策和会计期间均相同。

资料二：2×24年11月5日，乙公司将其成本为300万元的A商品以450万元的价格销售给甲公司，款项已收存银行。甲公司将购入的A商品作为存货核算。至2×24年12月31日，甲公司购入的该批商品尚未对外销售。

资料三：2×24年度乙公司实现净利润3 000万元。

资料四：2×25年5月10日，乙公司宣告分派2×24年度现金股利500万元。2×25年5月15日，甲公司收到乙公司派发的现金股利。

资料五：2×25年6月5日，甲公司将A商品以520万元的价格全部出售给外部独立第三方。2×25年度乙公司实现净利润1 800万元。

本题不考虑增值税等相关税费及其他因素。

要求：

（1）计算甲公司2×24年1月1日取得对乙公司长期股权投资的初始投资成本，判断甲公司是否需要对该长期股权投资的初始投资成本进行调整，并编制相关会计分录。

（2）计算甲公司 2×24 年度对乙公司股权投资应确认的投资收益，并编制相关会计分录。

（3）分别编制甲公司 2×25 年 5 月 10 日确认应收现金股利和 2×25 年 5 月 15 日收到现金股利的相关会计分录。

（4）计算甲公司 2×25 年度对乙公司股权投资应确认的投资收益，并编制相关会计分录。

五、综合题（本类题共 2 小题，共 33 分，第 1 小题 15 分，第 2 小题 18 分。凡要求计算的，应列出必要的计算过程；计算结果出现小数的，均保留小数点后两位小数）

1. 2×24 年度，甲公司发生下列交易或事项：

资料一：3 月 15 日，甲公司与乙公司签订一份委托代销合同，并向乙公司发出 A 产品。合同约定，甲公司委托乙公司销售 A 产品 600 件，并按照销售价款的 5% 向乙公司支付代销手续费。3 月 31 日，乙公司销售 400 件 A 产品，收取价款为 300 万元。当日，甲公司收到代销清单，并按照扣除向乙公司支付代销手续费的金额结算价款。甲公司 600 件 A 产品的成本为 300 万元。

资料二：9 月 1 日，甲公司将生产成本为 500 万元的 A 产品以 750 万元的价格销售给丙公司，该产品已发出，款项已收存银行。双方约定，丙公司有权在 8 个月后要求甲公司以 830 万元的价格回购 A 产品。甲公司预计 A 产品在回购时的市场价格远低于 830 万元。当日，甲公司确认销售收入 750 万元，结转销售成本 500 万元。

资料三：12 月 1 日，甲公司将生产成本为 100 万元的 B 产品以不含增值税的价格 180 万元销售给丁公司，该产品的控制权已经转移，款项已收存银行。双方约定，该产品自售出起一年内如果发生质量问题，甲公司负责提供质量保证服务。此外，在此期间内，由于乙公司使用不当等原因造成的产品故障，甲公司也免费提供维修服务。该维修服务不能单独购买。甲公司该批 B 产品的市场价格为 180 万元，维修服务的市场价值为 20 万元。

本题不考虑增值税等其他因素。

要求：

（1）编制甲公司 2×24 年 3 月 15 日发出委托代销商品的会计分录。

（2）编制甲公司 2×24 年 3 月 31 日收到代销清单时按照扣除手续费的金额确认收入和结转销售成本的会计分录。

（3）判断甲公司 2×24 年 9 月 1 日向丙公司销售 A 产品时确认销售收入和结转销售成本的会计处理是否正确，并说明理由；如果不正确，请编制正确的会计分录。

（4）判断甲公司 2×24 年 12 月 1 日将 B 产品销售给丁公司的业务中包含几项单项履约义务，计算各单项履约义务的入账价值，并编制相关会计分录。

2. 2×23~2×24 年，甲公司对乙公司进行股权投资的相关交易或事项如下：

资料一：2×23 年 1 月 1 日，甲公司以定向增发普通股股票的方式，从非关联方处取得乙公司 70% 的有表决权的股份，能够对乙公司实施控制。甲公司定向增发普通股的股数为 5 000 万股，每股面值 1 元，每股市场价值 3 元。购买日乙公司资产负债表有关信息如下：

（1）股东权益总额为 18 000 万元。其中：股本为 10 000 万元，资本公积为 5 000 万元，盈余公积为 900 万元，未分配利润为 2 100 万元。

（2）应收账款账面价值为 2 000 万元，经评估的公允价值为 1 500 万元；存货的账面价值为 8 000 万元，经评估的公允价值为 8 500 万元；固定资产账面价值为 10 000 万元，经评估的公允价值为 12 000 万元。评估增值的固定资产为公司的办公楼，该办公楼的剩余折旧年限为 20 年，该办公楼采用年限平均法计提折旧。

本次投资前，甲公司不持有乙公司股份且与乙公司不存在关联方关系。甲公司与乙公司的会计政策、会计期间均相同。至年末评估增值的存货对外售出 60%。

资料二：2×23 年 3 月 15 日，乙公司宣告分派现金股利 500 万元。2×23 年 4 月 1 日，甲公司按其持有的比例收到乙公司发放的现金股利并存入银行。

资料三：2×23 年 6 月 19 日，乙公司将其成本为 500 万元的 A 产品以 600 万元的价格销售给甲公司。甲公司将购入的 A 产品作为管理用固定资产进行核算，当日达到预定可使用状态，预计使用年限为 5 年，预计净残值为 0，采用年限平均法计提折旧。货款 600 万元至 2×23 年末甲公司尚未支付，乙公司按照 5% 的比例计提坏账。

资料四：2×23 年度乙公司实现净利润 500 万元。

资料五：2×24 年 3 月 1 日，甲公司将所持乙公司股份全部对外出售给非关联方，所得价款 20 000 万元存入银行。

其他资料：甲公司以甲、乙公司个别报表为基础编制合并财务报表，不需要编制与合并现金流量表相关的抵销分录。两家公司适用的企业所得税税率均为 25%，本题不考虑增值税等相关税费及其他因素。

要求：

（1）编制甲公司 2×23 年 1 月 1 日取得乙公司 70% 股权时的会计分录以及相关的合并调整抵销分录，并计算购买日的商誉。

（2）编制甲公司 2×23 年 3 月 15 日在乙公司宣告分配现金股利时和 2×23 年 4 月 1 日收到现金股利时的相关会计分录。

（3）编制甲公司 2×23 年 12 月 31 日与内部交易相关的抵销分录。

（4）分别计算甲公司 2×23 年 12 月 31 日合并资产负债表中少数股东权益的金额与 2×23 年度合并利润表中少数股东损益的金额。

（5）编制 2×24 年 3 月 1 日甲公司出售乙公司股份的相关会计分录。

2025 年度中级会计资格
《中级会计实务》全真模拟试题（三）

一、单项选择题（本类题共 10 小题，每小题 1.5 分，共 15 分。每小题备选答案中，只有一个符合题意的正确答案。错选、不选均不得分）

1. 2×24 年 1 月 1 日，甲公司收到投资人投资的一批原材料。当日，该批原材料的合同约定价值为 100 万元，市场价值为 120 万元。甲公司的注册资本总额为 600 万元，该投资人所占的份额为 10%。不考虑其他因素，甲公司该业务计入资本公积的金额是（　　）万元。

　　A. 40　　　　　　B. 60　　　　　　C. 100　　　　　　D. 120

2. 2×24 年 9 月 1 日，甲公司以银行存款 10 000 万元购入一栋写字楼并立即出租给乙公司使用，租期 10 年，每年年末收取租金 900 万元。该写字楼预计使用年限为 20 年，预计净残值为 0，采用年限平均法计提折旧。甲公司对投资性房地产采用成本模式进行后续计量。假定不考虑其他因素，与该写字楼相关的交易事项对甲公司 2×24 年度营业利润的影响金额为（　　）万元。

　　A. 900　　　　　　B. 500　　　　　　C. 400　　　　　　D. 175

3. 2×23 年 7 月 1 日，甲公司以银行存款 600 万元取得乙公司 5% 的股份，将其作为交易性金融资产进行核算。2×23 年乙公司实现净利润 1 000 万元。2×24 年 3 月 1 日，甲公司又以银行存款 5 500 万元取得乙公司 50% 的股份，并能够对其实施控制。购买日，原股权投资的公允价值为 720 万元。不考虑其他因素，甲公司该长期股权投资的投资成本是（　　）万元。

　　A. 5 000　　　　　B. 6 150　　　　　C. 6 220　　　　　D. 6 270

4. 甲公司决定于 2×24 年 5 月 20 日改变其管理某金融资产的业务模式，则甲公司该金融资产的重分类日为（　　）。

　　A. 2×24 年 5 月 20 日　　　　　　B. 2×24 年 6 月 1 日

　　C. 2×24 年 6 月 30 日　　　　　　D. 2×24 年 7 月 1 日

5. 下列情形中，企业应当暂停借款费用资本化的是（　　）。

　　A. 因与施工方发生了质量纠纷导致购建活动中断累计 2 个月

　　B. 因施工发生了安全事故导致购建活动中断累计 2 个月

　　C. 因资金周转发生困难导致生产活动中断连续超过 4 个月

　　D. 因可预见的冰冻季节导致生产活动中断连续超过 6 个月

6. 下列关于或有负债的表述中，正确的是（　　）。

　　A. 或有负债因不满足负债的确认条件，所以不应在附注中披露

　　B. 或有负债导致的经济利益流出金额，是能够可靠计量的

　　C. 或有负债的结果，应由未来事项的发生证实

　　D. 或有负债可能是一项潜在义务，也可能是一项现时义务

7. 2×22 年 10 月 1 日，甲公司与乙公司签订一份销售合同。合同约定，甲公司向乙公司销售 P 商品一批，于 2 年后交货。合同包含两种可供选择的付款方式，即乙公司可选择在两年后交付商品时支付 449.44 万元，或是在合同签订时支付 400 万元。乙公司选择在合同交货时支付货款。该批 P 商品的控制权在交货时转移；上述两种计算方式计算的内含利率为 6%。不考虑增值税等其他因素，甲公司下列会计处理中，正确的是（　　）。

　　A. 2×22 年 10 月 1 日，确认主营业务收入 449.44 万元

　　B. 2×22 年 12 月 31 日，长期应收款的账面价值为 400 万元

　　C. 2×23 年 12 月末，利润表中"营业利润"项目增加 24.36 万元

　　D. 2×24 年 9 月 30 日，应分摊未确认融资收益的金额为 19.37 万元

8. 2×24 年 5 月 10 日，甲公司以一项固定资产换入乙公司生产的库存商品一批。当日，甲公司固定资产的账面原值为 150 万元，已计提折旧的金额为 30 万元，公允价值为 140 万元；乙公司库存商品的账面价值为 100 万元，公允价值为 140 万元。不考虑其他因素，甲公司该非货币性资产交换影响当期损益的金额是（　　）万元。

　　A. 0　　　　　　B. 20　　　　　　C. −10　　　　　　D. 40

9. 2×23 年 3 月 1 日，甲公司租入一台管理设备，约定的不可撤销期间为 6 个月，且在租赁到期时甲公司拥有 3 个月的续租选择权，租金为每月 9 万元，免租期 1 个月。在租赁期开始日，甲公司可以合理确定将行使续租选择权。不考虑其他因素，甲公司下列会计处理中，正确的是（　　）。

　　A. 租赁期为 6 个月

　　B. 每月租金为 8 万元

　　C. 应当通过使用权资产和租赁负债进行会计核算

　　D. 不能采用简化处理

10. 2×24 年 3 月 1 日，甲公司购入非关联方乙公司的全部股权，支付购买价款 2 000 万元。购入该股权之前，甲公司的管理层已经作出决议，一旦购入乙公司，将在一年内将其出售给丙公司，乙公司在当前状况下即可立即出售。甲公司与丙公司计划于 2×24 年 3 月 31 日签署股权转让合同。2×24 年 3 月 1 日，公允价值减去出售费用后的净额为 1 990 万元。2×24 年 3 月 31 日，公允价值减去出售费用后的净额为 2 005 万元。不考虑其他因素，2×24 年甲公司对购买该股权的会计处理表述中，正确的是（　　）。

A. 3 月 1 日确认持有待售资产 1 990 万元

B. 3 月 1 日确认长期股权投资 2 000 万元

C. 3 月 1 日确认管理费用 10 万元

D. 3 月 31 日，冲减持有待售资产减值准备 15 万元

二、多项选择题（本类题共 10 小题，每小题 2 分，共 20 分。每小题备选答案中，有两个或两个以上符合题意的正确答案。请至少选择两个答案，全部选对得满分，少选得相应分值，多选、错选、不选均不得分）

1. 下列各项中，企业应确认为无形资产的有（　　）。

　A. 著作权　　　　　　　　　　　B. 特许权

　C. 商誉　　　　　　　　　　　　D. 已出租的土地使用权

2. 下列各项中，属于合营安排的有（　　）。

　A. 联营企业　　　B. 共同控制　　　C. 共同经营　　　D. 合营企业

3. 下列资产发生减值的，适用资产减值准则规定的有（　　）。

　A. 在建工程　　　　　　　　　　B. 对子公司的长期股权投资

　C. 合同资产　　　　　　　　　　D. 合同履约成本

4. 企业关于对修改权益结算的股份支付条款和条件的下列会计处理中，正确的有（　　）。

　A. 修改增加所授予权益工具公允价值的，应当按照公允价值的增加相应地确认取得服务的增加

　B. 修改增加所授予权益工具数量的，应当按照增加权益工具的公允价值相应地确认取得服务的增加

　C. 修改减少所授予权益工具公允价值的，应当按照公允价值的减少相应地确认取得服务的减少

　D. 修改减少所授予权益工具数量的，应当将减少部分作为已授予的权益工具的取消来进行处理

5. 企业在某一时段内履行的履约义务中，所产出的商品应当具有不可替代用途，企业在判断商品是否具有不可替代用途时需考虑的因素有（　　）。

　A. 判断时点是合同开始日

　B. 当合同中存在实质性的限制条款，导致企业不能将合同约定的商品用于其他用途

　C. 合同中没有限制性条款，但是，如果企业将合同约定的商品用作其他用途，将导致企业遭受重大经济损失

　D. 最终转移给客户的商品的特征

6. 甲公司系增值税一般纳税人，记账本位币为人民币。2×24 年 9 月 1 日，甲公司从境外乙公司购入原材料一批，货款 500 万美元，当日即期汇率为 1 美元 = 6.86 人民币元，按照规定缴纳的进口关税 343 万人民币元，支付进口增值税为 490.49 万人民币元。

2×24 年 9 月 30 日，甲公司尚未支付货款，当日即期汇率为 1 美元 = 6.88 人民币元。假定不考虑其他因素，下列会计处理表述中，正确的有（　　　）。

    A. 该批原材料的初始入账价值为 3 773 万人民币元

    B. 应付账款的初始入账价值为 3 430 万人民币元

    C. 2×24 年 9 月 30 日资产负债表中，应付账款项目为 3 440 万人民币元

    D. 2×24 年 9 月 30 日利润表中，财务费用项目增加 10 万人民币元

7. 甲企业（原租赁承租人）与乙企业（原租赁出租人）就 5 000 平方米办公场所签订了一项为期 5 年的租赁合同（原租赁）。在第 3 年年初，甲企业将该 5 000 平方米办公场所转租给丙企业（转租赁），期限为原租赁的剩余 3 年时间。不考虑其他因素，甲企业下列会计处理中，正确的有（　　　）。

    A. 终止确认与原租赁相关且转给丙企业（转租承租人）的使用权资产，并确认转租赁投资净额

    B. 将使用权资产与转租赁投资净额之间的差额确认为损益

    C. 在资产负债表中保留原租赁的租赁负债，该负债代表应付原租赁出租人的租赁付款额

    D. 在转租期间，既要确认转租赁的融资收益，也要确认原租赁的利息费用

8. 甲公司持有乙公司 80% 有表决权的股份，能够对乙公司实施控制，不考虑其他因素，下列各项甲公司发生的内部交易中，影响甲公司合并利润表中少数股东损益的有（　　　）。

    A. 乙公司将一项设备以低于账面价值的价格销售给甲公司，甲公司作为固定资产核算

    B. 甲公司将一笔闲置资金免息提供给乙公司使用

    C. 乙公司将一批存货以高于成本的价格销售给甲公司，年末甲公司全部未对外售出该批存货

    D. 甲公司将一批存货以高于成本的价格销售给乙公司，年末乙公司全部未对外售出该批存货

9. 相对于个别财务报表，下列各项中，仅属于企业合并财务报表项目的有（　　　）。

    A. 投资收益　　　　　　　　　　B. 债权投资

    C. 少数股东损益　　　　　　　　D. 少数股东权益

10. 2×24 年 12 月 31 日，甲行政单位财政直接支付指标款与当年财政直接支付实际支出数之间的差额为 30 万元，2×25 年 1 月 1 日，财政部门恢复了该单位的财政直接支付额度，2×25 年 1 月 20 日，该单位以财政直接支付方式购买一批办公用品（属于上年预算指标数），支付给供应商 10 万元，不考虑其他因素。甲行政单位对购买办公用品的下列会计处理表述中，正确的有（　　　）。

    A. 减少财政应返还额度 10 万元　　B. 增加库存物品 10 万元

    C. 增加行政支出 10 万元　　　　　D. 减少资金结存 10 万元

三、判断题（本类题共 10 小题，每小题 1 分，共 10 分。请判断每小题的表述是否正确。每小题答案正确的得 1 分，错答、不答均不得分，也不扣分）

1. 企业预计发生的制造费用，即使未实际发生，只要能够可靠地确定其成本，也应计入存货成本。　　　　　　　　　　　　　　　　　　　　　　（　）

2. 飞机的引擎虽然与其机身具有不同的使用寿命，但因为是飞机组成的一部分，所以应当与飞机整体确认为一项固定资产。　　　　　　　　　　　　　（　）

3. 以公允价值计量且其变动计入其他综合收益的金融资产发生减值的，应当通过"信用减值损失"科目核算。　　　　　　　　　　　　　　　　　　　（　）

4. 对于非累积带薪缺勤，由于职工提供服务不能增加其能够享受的福利金额，所以无论职工是否发生缺勤，都不应计提相关费用和负债。　　　　　　　（　）

5. 企业对同类的政府补助业务可以同时选用总额法与净额法进行核算。（　）

6. 资产负债表日，对于递延所得税负债，应当按照应纳税暂时性差异发生当期的税率进行计量。　　　　　　　　　　　　　　　　　　　　　　　　（　）

7. 交易费用在购买资产交易中通常作为转让对价的一部分，并根据适用的准则资本化为所购买的资产成本的一部分；而在企业合并中，交易费用应当费用化。（　）

8. 企业对会计政策变更采用追溯调整法时，应当按照会计政策变更的累积影响数调整当期期初留存收益。　　　　　　　　　　　　　　　　　　　　　（　）

9. 资产负债表日后事项涵盖期间是自资产负债表日次日起至财务报告实际报出日止的一段时间。　　　　　　　　　　　　　　　　　　　　　　　　　（　）

10. 捐赠承诺是指捐赠现金或其他资产的书面协议或口头约定等，民间非营利组织对于捐赠承诺一般予以确认。　　　　　　　　　　　　　　　　　　（　）

四、计算分析题（本类题共 2 小题，共 22 分，第 1 小题 10 分，第 2 小题 12 分。凡要求计算的，应列出必要的计算过程；计算结果出现小数的，均保留小数点后两位小数）

1. 甲公司与乙公司均为增值税一般纳税人，适用增值税税率为 13%，2×23 年发生相关业务如下：

（1）2×23 年 9 月 30 日，甲公司从乙公司处赊购原材料一批，取得对方开具的增值税专用发票注明的金额为 600 万元。甲公司将该应付款项分类为以摊余成本计量的金融负债，乙公司将该应收款项分类为以摊余成本计量的金融资产。

（2）2×23 年 12 月 31 日，甲公司因财务发生困难，无法按约定偿还债务。双方协商进行债务重组。乙公司同意，甲公司以其生产的商品、以公允价值模式计量的投资性房地产以及一项以公允价值计量且其变动计入其他综合收益的某公司股票偿还债务。当日，该应付款项的公允价值为 550 万元，甲公司用于抵债的商品的账面价值为 120 万元，公允价值为 150 万元；投资性房地产的账面原值为 240 万元，公允价值变动 30 万元，公允价值为 300 万元；股票的账面价值为 130 万元（其中，成本 100 万元，公允价值变动 30 万元），公允价值为 150 万元。

（3）其他资料：乙公司已对该债权计提坏账准备 110 万元。乙公司将受让的商品、投资性房地产和股票分别作为库存商品、以公允价值模式计量的投资性房地产和以公允价值计量且其变动计入当期损益的金融资产。转让不动产适用的增值税税率为 9%。

要求：

（1）计算甲公司债务重组应确认的损益金额，并编制 2×23 年 12 月 31 日债务重组的相关会计分录。

（2）计算乙公司收到资产的入账价值，并编制相关分录。

2. 2×24 年甲公司发生与政府补助有关的交易或事项如下：

资料一：2×24 年 1 月 1 日，甲公司通过统一招标形式，中标 A 环保生产设备的推广销售合同。合同约定，A 环保生产设备的售价为每台 100 万元，同时，政府给予财政补贴资金为每台 20 万元。中标 A 环保生产设备的市场价格为每台 120 万元。至 2×24 年 6 月 30 日，甲公司销售 A 环保生产设备 100 台，收到财政补贴资金 2 000 万元。

资料二：2×24 年 7 月 1 日，甲公司向银行贷款 100 万元用于国产扶持产业。该笔借款期限 2 年，年利率为 9%，按月计息，按季付息，到期还本。由于该业务符合财政贴息条件，财政将贴息直接拨付给甲公司。贴息后，甲公司实际负担的年利率为 3%。甲公司对该政府补助采用净额法核算。

资料三：2×24 年 12 月 10 日，甲公司收到即征即退的增值税税款 20 万元，已存入银行。甲公司对该政府补助采用总额法核算。

已知：本题不考虑增值税等其他因素。

要求：

（1）判断甲公司 2×24 年 6 月 30 日收到销售 A 环保生产设备的财政补贴资金是否属于政府补助并说明理由，计算甲公司该业务应确认的收入金额，同时编制相关会计分录。

（2）编制甲公司 2×24 年 7 月 1 日取得银行贷款的会计分录。

（3）编制甲公司 2×24 年 7 月 1 日计提利息以及确认政府补助的会计分录。

（4）判断甲公司 2×24 年 12 月 10 日收到即征即退的增值税税款是否属于政府补助，并编制收到该款项的会计分录。

五、综合题（本类题共 2 小题，共 33 分，第 1 小题 15 分，第 2 小题 18 分。凡要求计算的，应列出必要的计算过程；计算结果出现小数的，均保留小数点后两位小数）

1. 2×23～2×24 年，甲公司发生与股权投资有关的交易或事项如下：

资料一：2×23 年 1 月 1 日，甲公司以银行存款 1 000 万元购入乙公司 5% 有表决权的股份，并将其指定为以公允价值计量且其变动计入其他综合收益的非交易性权益工具投资。2×23 年 3 月 30 日，甲公司所持乙公司股权的公允价值为 1 200 万元。双方之前不存在关联方关系。

资料二：2×23 年 5 月 1 日，甲公司以银行存款 16 500 万元购入乙公司 55% 有表决权的股份，累计持股比例达到 60%，并能够对乙公司实施控制。甲公司原股权投资的市场价值为 1 500 万元。当日，乙公司可辨认净资产的账面价值为 28 000 万元，公允价值为 30 000 万元，差额由一条生产线评估增值 2 000 万元所致。

资料三：乙公司 2×23 年实现净利润 8 000 万元。当日，乙公司宣告发放现金股利 2 500 万元。

资料四：2×24 年 3 月 31 日，甲公司管理层拟向丙公司转让乙公司 45% 的股权。甲公司预计未来 3 个月内将出售给丙公司，且该股权在当前状况下可立即出售。

资料五：2×24 年 5 月 31 日，甲公司将乙公司的股权转让给丙公司。当日，甲公司完成对丙公司的股权转让，收到价款 15 000 万元。当日，剩余股权的公允价值为 5 000 万元，甲公司将其作为交易性金融资产核算。

其他资料：甲公司按照净利润的 10% 提取法定盈余公积，适用的企业所得税税率为 25%，不考虑增值税等其他因素。

要求：

（1）编制甲公司 2×23 年 1 月 1 日取得乙公司 5% 有表决权股份的会计分录。

（2）编制甲公司 2×23 年 3 月 30 日确认乙公司股权投资公允价值变动的会计分录。

（3）计算甲公司 2×23 年 5 月 1 日取得长期股权投资时合并报表中应确认的商誉金额，并编制甲公司个别财务报表中相关会计分录。

（4）判断甲公司 2×23 年是否需要按照持股比例确认乙公司的净利润收益，说明理由，并编制甲公司确认现金股利收入的会计分录。

（5）判断甲公司 2×24 年 3 月 31 日对乙公司的股权投资是否应当划分为持有待售类别，说明理由；说明当日甲公司合并财务报表中对乙公司股权投资的会计处理原则；编制甲公司个别财务报表中有关会计分录。

（6）编制甲公司 2×24 年 5 月 31 日转让乙公司的股权投资给丙公司的会计分录。

2. 甲公司是自 2×20 年 1 月 1 日依法成立且符合条件的高新技术企业，适用的企业所得税税率为 25%。经当地税务机关批准，甲公司自 2×20 年 1 月取得第一笔生产经营收入所属纳税年度起，享受"两免三减半"的税收优惠政策，即 2×20 ~ 2×21 年免交企业所得税，2×22 ~ 2×24 年减半按照 12.5% 的税率缴纳企业所得税。甲公司 2×21 ~ 2×26 年有关会计处理与税法处理不一致的交易或事项如下：

（1）2×20 年 12 月 15 日，甲公司购入一台不需要安装的即可投入使用的管理用设备，成本 1 500 万元，预计净残值为 0，预计使用年限 5 年，采用年数总和法计提折旧。税法规定，固定资产按照年限平均法计提的折旧准予在税前扣除。

税法规定，管理用设备预计使用年限及净残值与会计规定相同。

（2）2×25 年 3 月 1 日，甲公司以银行存款 1 000 万元购入乙公司发行的股票。甲公司根据其管理该国债的业务模式和该国债的合同现金流量特征，将该股权投资分类为以公允价值计量且其变动计入当期损益的金融资产。2×25 年 12 月 31 日，该金融资产的公允价值为 1 225 万元。

税法规定，资产在持有期间的公允价值变动不计入当期应纳税所得额，待处置时一并计算应计入应纳税所得额的金额。

（3）2×25 年 7 月 1 日，甲公司自行研发的一项专利技术达到预定可使用状态。新技术研发过程中共发生支出 2 500 万元，其中费用化支出 1 000 万元，资本化支出 1 500 万元。甲公司预计该专利技术使用年限为 10 年，预计净残值为 0，采用年限平均法进行摊销。

税法规定，企业费用化的研发支出在据实扣除的基础上再加计 100% 税前扣除，资本化的研发支出按资本化金额的 200% 确定应予税前摊销扣除的金额。

其他资料：2×21 年初，甲公司递延所得税资产和递延所得税负债无余额，无未确认递延所得税资产的可抵扣暂时性差异和可抵扣亏损；2×21～2×25 年无其他会计处理与税务处理不一致的交易或事项；2×21～2×25 年各年年末，甲公司均有确凿证据表明未来期间很可能获得足够的应纳税所得额用来抵扣可抵扣暂时性差异；2×25 年，甲公司实现利润总额 10 000 万元；不考虑除所得税外的其他税费及其他因素。

要求：

（1）根据资料（1），分别计算甲公司 2×21～2×25 年各年管理用设备应计提的折旧，并填写完成下表。

单位：万元

项目	2×21 年	2×22 年	2×23 年	2×24 年	2×25 年
账面价值					
计税基础					
暂时性差异					

（2）根据资料（1），计算甲公司 2×21～2×24 年各年年末的递延所得税资产余额。

（3）根据资料（2），编制甲公司购入乙公司股票，以及后续公允价值变动的相关会计分录。

（4）根据资料（3），判断甲公司 2×25 年 7 月 1 日自行研发专利技术的资本化支出部分形成的是应纳税暂时性差异还是可抵扣暂时性差异，并判断是否需要确认递延所得税资产。

（5）根据上述资料，计算甲公司 2×25 年的应交所得税和所得税费用，以及 2×25 年末的递延所得税资产或负债余额，并编制相关会计分录。

2025 年度中级会计资格
《中级会计实务》全真模拟试题（四）

一、单项选择题（本类题共 10 小题，每小题 1.5 分，共 15 分。每小题备选答案中，只有一个符合题意的正确答案。错选、不选均不得分）

1. 2×24 年 6 月 1 日，某公司购入一批甲材料，价值 80 万元。2×24 年 6 月 30 日，因管理不善，发生减值 6 万元，2×24 年 9 月 30 日，因市场需求增加，甲材料价值回升 3 万元，2×24 年 12 月 31 日，因市场需求减少，甲材料减值 2 万元。不考虑其他因素，该公司 2×24 年 12 月 31 日甲材料的账面价值为（   ）万元。

    A. 74   B. 72   C. 75   D. 80

2. 某企业对生产设备进行改良，共发生资本化支出 65 万元。该设备原价为 500 万元，已计提折旧 300 万元，被替换的旧部件账面原值为 100 万元。不考虑其他因素，该设备改良后的入账价值为（   ）万元。

    A. 265   B. 165   C. 225   D. 205

3. 下列关于企业无形资产摊销的会计处理中，不正确的是（   ）。

    A. 对使用寿命有限的无形资产选择的摊销方法应当一致地运用于不同会计期间

    B. 持有待售的无形资产不进行摊销

    C. 使用寿命不确定的无形资产按照不低于 10 年的期限进行摊销

    D. 使用寿命有限的无形资产自可供使用时起开始摊销

4. 2×24 年 3 月 1 日，甲公司增发普通股 1 000 万股自母公司处取得乙公司 80% 的股权，并能够实施控制，普通股每股面值 1 元，市价每股 6 元。该股权系母公司于 2×22 年 1 月自公开市场购入，母公司在购入乙公司 80% 股权时确认了 500 万元商誉。2×24 年 3 月 1 日，按母公司取得该股权时乙公司可辨认净资产公允价值为基础持续计算的乙公司可辨认净资产公允价值为 6 100 万元，甲公司另支付审计、法律服务等中介费用 120 万元。不考虑其他因素，甲公司应确认对乙公司股权投资的初始投资成本是（   ）万元。

    A. 6 000   B. 4 880   C. 5 380   D. 5 500

5. 甲公司有一台生产设备，预计使用年限为 5 年，已计提折旧 4 年。至第 4 年年末，甲公司对其未来现金流量进行评估，预计未来现金流量如下：（1）所产商品销售收入 500 万元，其中 60 万元的销货款将于第二年收回；（2）支付设备维修支出 10 万元；（3）支付设备改良支出 25 万元；（4）支付利息费用 5 万元。假定不考虑其他因素，甲公司该项设备预计未来现金流量为（　　）万元。

  A. 440   B. 430   C. 405   D. 400

  6. 2×24 年 1 月 1 日，甲公司开始动工建造一幢厂房，工期为 1.5 年，采用出包方式，分别于 2×24 年 1 月 1 日和 2×24 年 7 月 1 日支付工程进度款 4 000 万元和 6 000 万元。在厂房建造过程中占用了两笔一般借款，分别是：（1）2×23 年 12 月 1 日，借入 4 000 万元，期限为 3 年，年利率为 5%，按年付息，到期还本；（2）2×22 年 1 月 1 日，发行公司债券 8 000 万元，期限为 5 年，年利率为 8%，按年付息，到期还本。不考虑其他因素，甲公司 2×24 年一般借款利息的资本化金额为（　　）万元。

  A. 680   B. 740   C. 490   D. 700

  7. 2×24 年 1 月 1 日，甲公司通过竞标取得一份为期 1 年的在线考试系统合同。为取得该合同，甲公司发生外部律师尽职调查费 5 万元，投标人员差旅费 1 万元，投标费用 3 万元，销售人员佣金 3 万元。其中，投标人员差旅费和投标费用由招标单位承担。不考虑其他因素，甲公司该合同取得成本的入账价值为（　　）万元。

  A. 4   B. 3   C. 7   D. 12

  8. 2×23 年 7 月 1 日，甲公司向当地政府申请某项目的专项研发经费。2×23 年 12 月 31 日，甲公司收到该财政拨款。当日，甲公司开始研发该项目，并预计 2×24 年 12 月 31 日完成。2×23 年 12 月 31 日，甲公司应将收到的财政拨款计入（　　）。

  A. 研发支出   B. 递延收益
  C. 营业外收入   D. 其他综合收益

  9. 2×24 年 1 月 1 日，甲公司从本集团内另一企业处购入乙公司 80% 有表决权的股份，构成同一控制下企业合并，2×24 年度，乙公司实现净利润 800 万元，宣告分派现金股利 250 万元。2×24 年 12 月 31 日，甲公司个别资产负债表中所有者权益总额为 9 000 万元。不考虑其他因素，甲公司 2×24 年 12 月 31 日合并资产负债表中归属于母公司所有者权益的金额为（　　）万元。

  A. 9 550   B. 9 440   C. 9 640   D. 10 050

  10. 下列各项中，企业需要进行会计估计的是（　　）。

  A. 公允价值的确定   B. 存货计价方法的确定
  C. 非货币性资产交换的计量 D. 固定资产的初始计量

  二、多项选择题（本类题共 10 小题，每小题 2 分，共 20 分。每小题备选答案中，有两个或两个以上符合题意的正确答案。请至少选择两个答案，全部选对得满分，少选得相应分值，多选、错选、不选均不得分）

  1. 下列各项中，属于企业确定存货的可变现净值时应考虑的因素有（　　）。

  A. 存货可变现净值的确凿证据

B. 存货成本的确凿证据

C. 持有存货的目的

D. 资产负债表日后事项的影响

2. 下列各项关于投资性房地产后续计量的表述中，正确的有（　　　）。

   A. 采用成本模式进行后续计量的投资性房地产，其公允价值能够持续可靠地获取时，应转为公允价值模式进行后续计量

   B. 已采用公允价值模式计量的投资性房地产，不得从公允价值模式转为成本模式

   C. 采用公允价值模式计量的投资性房地产，经减值测试发生减值的，应当计提减值准备

   D. 成本模式转为公允价值模式的，应当作为会计政策变更处理

3. 下列各项交易或事项中，将导致企业所有者权益总额变动的有（　　　）。

   A. 账面价值与公允价值不同的债权投资重分类为其他债权投资

   B. 其他债权投资发生减值

   C. 其他权益工具投资的公允价值发生变动

   D. 权益法下收到被投资单位发放的现金股利

4. 预计负债在或有事项满足相关条件时予以确认，下列各项中，属于相关条件的有（　　　）。

   A. 由未来的交易或事项决定

   B. 该义务是企业承担的现时义务

   C. 履行该义务很可能导致经济利益流出企业

   D. 该义务的金额能够可靠地计量

5. 下列交易或事项中，应当按照非货币性资产交换准则的规定进行会计处理的有（　　　）。

   A. 以一台生产设备换取一项管理用专利权

   B. 以一项生产用专利技术换取一项权益性投资

   C. 以一批原材料换取一项管理用无形资产

   D. 以一项权益性投资换取一台生产设备

6. 下列各项中，属于债务重组方式的有（　　　）。

   A. 债务人以资产清偿债务　　　　　B. 债务人将债务转为权益工具

   C. 修改其他条款　　　　　　　　　D. 改变交易对手

7. 企业对境外经营财务报表折算时，下列各项中应当采用资产负债表日即期汇率折算的有（　　　）。

   A. 固定资产　　　　　　　　　　　B. 未分配利润

   C. 应付账款　　　　　　　　　　　D. 财务费用

8. 同一控制下企业合并形成的控股合并，在确认长期股权投资初始投资成本时，因涉及或有事项而确认预计负债的，则预计负债与后续或有对价结算金额的差额，应当调整（　　　）。

A. 利润分配　　　　　　　　　　B. 资本公积

C. 盈余公积　　　　　　　　　　D. 管理费用

9. 下列各项中，应纳入政府部门合并财务报表范围的有（　　　）。

A. 与本部门没有财政预算拨款关系的挂靠单位

B. 纳入本部门预决算管理的行政事业单位和社会组织

C. 与本部门脱钩的行业协会

D. 本部门所属未纳入预决算管理的事业单位

10. 2×23年6月1日，甲民间非营利组织与乙企业签订一份捐赠协议。协议约定，甲民间非营利组织向乙企业指定的一所贫困山区小学捐赠电脑100台。该组织收到乙企业捐赠的电脑时进行的下列会计处理中，正确的有（　　　）。

A. 确认捐赠收入　　　　　　　　B. 确认固定资产

C. 确认受托代理资产　　　　　　D. 确认受托代理负债

三、判断题（本类题共10小题，每小题1分，共10分。请判断每小题的表述是否正确。每小题答案正确的得1分，错答、不答均不得分，也不扣分）

1. 存货区别于固定资产等非流动资产的最基本特征是，企业持有存货的最终目的是为了出售。　　　　　　　　　　　　　　　　　　　　　　　　　　（　　）

2. 企业对投资性房地产的后续计量模式由成本模式转为公允价值模式的，应将变更时公允价值与账面价值的差额，计入其他综合收益。　　　　　　　　（　　）

3. 企业通过多次交易分步处置对子公司股权投资直至丧失控制权的，如果属于一揽子交易的，在丧失控制权之前每一次处置价款与所处置的股权对应的长期股权投资账面价值之间的差额，在个别报表中都应确认为其他综合收益。　　　　（　　）

4. 甲公司与乙公司签订两份销售合同，其中一份合同违约，将会影响另一份合同的对价金额，则甲公司应将两份销售合同合并为一份合同进行会计处理。　（　　）

5. 如果补价占整个资产交换金额的比例在25%及以下，则该交换为非货币性资产交换。　　　　　　　　　　　　　　　　　　　　　　　　　　　　　（　　）

6. 如果未来期间很可能无法取得足够的应纳税所得额用以利用递延所得税资产的利益，应当减记递延所得税资产的账面价值，并将减记金额计入资本公积。　（　　）

7. 甲公司与乙公司签订一份不可撤销期限为9个月的租赁合同，且甲公司在到期时有4个月的续租选择权，无论甲公司是否会行使续租选择权，都应将其作为短期租赁进行会计处理。　　　　　　　　　　　　　　　　　　　　　　　（　　）

8. 子公司少数股东以货币资金对子公司增加权益性投资，母公司在合并现金流量表中应将该现金流入分类为投资性活动产生的现金流量。　　　　　　　（　　）

9. 合并所有者权益变动表可以根据合并资产负债表和合并利润表进行编制。（　　）

10. 企业涉及现金收支的资产负债表日后调整事项，不应当调整报告年度的货币资金项目金额。　　　　　　　　　　　　　　　　　　　　　　　　　（　　）

四、计算分析题（本类题共 2 小题，共 22 分，第 1 小题 10 分，第 2 小题 12 分。凡要求计算的，应列出必要的计算过程；计算结果出现小数的，均保留小数点后两位小数）

1. 2×21～2×24 年，甲公司发生与股份支付相关的交易或事项如下：

资料一：2×21 年 1 月 1 日，甲公司董事会批准一份股份支付协议。协议规定，向其 100 名高层管理人员每人授予 10 000 份现金股票增值权，并要求上述员工自 2×21 年 1 月 1 日起在公司连续服务 3 年，即可按照当时股价增长幅度获得现金，该现金股票增值权应在 2×24 年 12 月 31 日前行使。当日，该现金股票增值权的公允价值为每份 14 元。

资料二：2×21 年 12 月 31 日，甲公司该现金股票增值权的市场价值为每份 15 元。本年内有 5 名高层管理人员离职，预计未来两年中还有 15 名员工离职。

资料三：2×22 年 12 月 31 日，甲公司该股票现金增值权的市场价值为每份 18 元。本年内又有 10 名高层管理人员离职，预计未来一年中还有 10 名员工离职。

资料四：2×23 年 12 月 31 日，甲公司该股票现金增值权的市场价值为每份 21 元。本年内又有 5 名高层管理人员离职。

资料五：2×24 年 12 月 31 日，甲公司 80 名高层管理人员全部行使股票增值权。当日，该现金股票增值权的公允价值为每份 20 元。

要求：

（1）判断甲公司 2×21 年 1 月 1 日是否需要进行会计处理，并简要说明理由。

（2）计算甲公司 2×21 年末取得高层管理人员提供服务计入成本费用的金额，并编制相关会计分录。

（3）计算甲公司 2×22 年末取得高层管理人员提供服务计入成本费用的金额，并编制相关会计分录。

（4）计算甲公司 2×23 年末取得高层管理人员提供服务计入成本费用的金额，并编制相关会计分录。

（5）计算甲公司 2×24 年 12 月 31 日高层管理人员行权影响当期损益的金额，并编制相关会计分录。

2. 甲公司购入债券相关资料如下：

（1）2×24 年 1 月 1 日，甲公司以银行存款 2 055.5 万元购入乙公司当日发行的期限为 3 年、分期付息、到期还本、不可提前赎回的债券。该债券的面值为 2 000 万元，票面年利率为 5%，每年的利息在当年年末支付。甲公司将该债券投资分类为以公允价值计量且其变动计入其他综合收益的金融资产，该债券投资的实际年利率为 4%。

（2）2×24 年 12 月 31 日，甲公司所持乙公司债券的公允价值为 2 010 万元（不含利息）。

（3）2×24 年 12 月 31 日，甲公司所持乙公司债券的预期信用损失为 10 万元。

本题不考虑其他因素。"其他债权投资"科目应写出必要的明细科目。

要求：

（1）编制甲公司 2×24 年 1 月 1 日购入乙公司债券的会计分录。

（2）计算甲公司 2×24 年 12 月 31 日应确认对乙公司债券投资的实际利息收入，并编制相关会计分录。

（3）编制甲公司 2×24 年 12 月 31 日对乙公司债券投资按公允价值计量的会计分录。

（4）编制甲公司 2×24 年 12 月 31 日对乙公司债券投资确认预期信用损失的会计分录。

五、综合题（本类题共 2 小题，共 33 分，第 1 小题 15 分，第 2 小题 18 分。凡要求计算的，应列出必要的计算过程；计算结果出现小数的，均保留小数点后两位小数）

1. 甲公司适用的企业所得税税率为 25%，预计未来期间适用的企业所得税税率不会发生变化，未来期间能够产生足够的应纳税所得额用以抵减可抵扣暂时性差异。甲公司 2×23 年度财务报告批准报出日为 2×24 年 4 月 10 日，2×23 年度企业所得税汇算清缴日为 2×24 年 5 月 31 日。甲公司按净利润的 10% 计提法定盈余公积。甲公司 2×23 年度的财务报表未报出，审计人员对 2×23 年的会计资料进行复核，发现以下问题：

资料一：2×23 年度，甲公司进行内部研究开发活动发生支出 1 000 万元，其中，费用化支出 200 万元，资本化支出 800 万元，均以银行存款支出，研发活动所形成的无形资产至 2×23 年 12 月 31 日尚未达到预定可使用状态。

税法规定，对于按照企业会计准则规定费用化的研发支出，计算当期应纳税所得额时加计 100% 税前扣除；对于资本化的研发支出，其计税基础为资本化金额的 200%。

对于上述交易，甲公司进行了以下会计处理：

借：研发支出——费用化支出　　　　　　　　　200
　　　　　　——资本化支出　　　　　　　　　800
　　贷：银行存款　　　　　　　　　　　　　　　　　　1 000
借：递延所得税资产　　　　　　　　　　　　　200
　　贷：所得税费用　　　　　　　　　　　　　　　　　　200

资料二：2×23 年 6 月 25 日，甲公司将收到的用于购买研发设备的财政补贴资金 300 万元直接计入了其他收益。至 2×23 年 12 月 31 日，甲公司尚未购买该设备。根据税法规定，甲公司收到的该财政补贴资金属于不征税收入。甲公司在计算 2×23 年度应交企业所得税时已扣除该财政补贴资金。

资料三：2×24 年 1 月 10 日，甲公司收到法院关于乙公司 2×23 年起诉甲公司的判决书，判定甲公司因合同违约应向乙公司赔偿 500 万元。甲公司接受判决，不再上诉。2×23 年 12 月 31 日，甲公司根据律师意见已对该诉讼确认了 400 万元的预计负债。根据税法规定，因合同违约确认预计负债产生的损失不允许在预计时税前扣除，只有在损失实际发生时，才允许税前扣除。2×23 年 12 月 31 日，甲公司对该预计负债确认了递延所得税资产 100 万元。

本题涉及的差错均为重要前期差错。不考虑除企业所得税以外的税费及其他因素。

要求：

（1）根据资料一，判断甲公司对该事项的会计处理是否正确，说明理由；如果会计处理不正确，编制更正会计分录。

（2）根据资料二，编制甲公司对其 2×23 年 6 月 25 日发现的会计差错进行更正的会计分录。

（3）根据资料三，判断甲公司 2×24 年 1 月 10 日收到法院判决是否属于资产负债表日后调整事项，并编制相关分录。

2. 甲公司适用的企业所得税税率为 25%，预计未来期间适用的企业所得税税率不会发生变化，未来期间能够产生足够的应纳税所得额用以抵减可抵扣暂时性差异。甲公司发生的与投资性房地产有关的交易或事项如下：

资料一：2×23 年 1 月 1 日，甲公司将自用的一项房产用于对外出租。甲公司将该房产作为以公允价值模式计量的投资性房地产进行核算。该房产初始入账价值为 6 000 万元，预计净残值为 0，预计使用年限为 30 年，采用年限平均法计提折旧。转为投资性房地产当日，该房产已使用 5 年，累计计提折旧 1 000 万元，账面价值 5 000 万元，公允价值 6 000 万元。

资料二：2×23 年 12 月 31 日，该投资性房地产公允价值为 6 500 万元。

资料三：甲公司 2×23 年度实现的利润总额为 10 000 万元。

资料四：2×24 年 12 月 31 日，该投资性房地产公允价值为 5 600 万元。

资料五：甲公司 2×24 年度实现的利润总额为 10 000 万元。

根据税法规定，2×23 年、2×24 年甲公司该投资性房地产的折旧额能在税前扣除的金额为 200 万元；持有期间公允价值的变动不计入应纳税所得额。除该事项外，甲公司无其他纳税调整事项。

本题不考虑除企业所得税以外的税费及其他因素。

要求：

（1）根据资料一，编制 2×23 年 1 月 1 日甲公司将自用房产转为以公允价值模式计量的投资性房地产的会计分录。

（2）根据资料二，编制 2×23 年 12 月 31 日该投资性房地产公允价值变动的会计分录。

（3）根据资料三，计算 2×23 年度甲公司应交企业所得税及相关的递延所得税并编制相关的会计分录。

（4）根据资料四，编制 2×24 年 12 月 31 日该投资性房地产公允价值变动的会计分录。

（5）根据资料五，计算 2×24 年度甲公司应交企业所得税及相关的递延所得税并编制相关的会计分录。

2025 年度中级会计资格
《中级会计实务》全真模拟试题（五）

一、单项选择题（本类题共 10 小题，每小题 1.5 分，共 15 分。每小题备选答案中，只有一个符合题意的正确答案。错选、不选均不得分）

1. 2×23 年 12 月 31 日，甲公司与客户签订一项不可撤销的销售合同。合同约定，甲公司于 2×24 年 3 月 31 日前，向客户交付 200 吨 M 产品，单位售价为 2 万元。当日，甲公司库存 M 产品 300 吨，单位成本为 1.8 万元，单位市场售价为 1.5 万元。甲公司预计销售 300 吨 M 产品将发生销售费用 30 万元；上述金额均不含增值税。不考虑其他因素，甲公司 2×23 年 12 月 31 日库存 M 产品的账面价值为（　　）万元。

    A. 420　　　　　　B. 500　　　　　　C. 510　　　　　　D. 540

2. 为了盘活存量资产，提高资金使用效率，甲企业与银行签订应收账款无追索权保理总协议，银行向甲企业一次性授信 10 亿元人民币，甲企业可以在需要时随时向银行出售应收账款。历史上甲企业较为频繁地向银行出售应收账款，且出售金额重大，上述出售满足终止确认的规定。不考虑其他因素，企业该应收账款应分类为（　　）。

    A. 其他货币资金

    B. 以公允价值计量且其变动计入其他综合收益的金融资产

    C. 以摊余成本计量的金融资产

    D. 以公允价值计量且其变动计入当期损益的金融资产

3. 2×24 年，甲公司未离职的管理人员行使股票期权购买本公司股票，甲公司收到银行存款 75 万元，并确认股本 10 万元。该股票期权是甲公司于 2×21 年 1 月 1 日授予，并要求管理人员连续服务 3 年；至 2×23 年末，甲公司结合管理人员离职情况与有关规定，累计确认股票期权的公允价值为 285 万元。不考虑其他因素，甲公司 2×24 年因管理人员行权增加的"资本公积——股本溢价"的金额是（　　）万元。

    A. 350　　　　　　B. -285　　　　　　C. 65　　　　　　D. 75

4. 2×22 年 1 月 1 日，甲公司与乙公司签订一份销售合同。合同约定，甲公司向乙公司销售 P 商品一批，于 2×24 年 1 月 1 日交货。合同包含两种可供选择的付款方式，即乙公司可选择在两年后交付商品时支付 466.56 万元，或是在合同签订时支付 400 万元。乙公司合同签订时支付货款。该批 P 商品的控制权在交货时转移；上述两种计算方式计算的内含利率为 8%。不考虑增值税等其他因素，甲公司下列会计处理正确的是（　　）。

  A. 2×22 年 1 月 1 日，确认主营业务收入 466.56 万元

  B. 2×22 年 12 月 31 日，确认财务费用 32 万元

  C. 2×23 年 12 月 31 日，确认财务费用 -34.56 万元

  D. 2×24 年 1 月 1 日，冲减合同资产 466.56 万元

5. 下列各项不属于企业以修改其他条款的方式进行债务重组的是（　　）。

  A. 调整债务本金

  B. 改变债务利息

  C. 变更还款期限

  D. 以现金清偿部分债务，剩余债务展期

6. 甲公司以一项专利权换入乙公司一台生产设备。交换日，甲公司专利权的账面原值为 200 万元，已计提摊销 40 万元；乙公司生产设备的账面原值为 180 万元，已计提折旧 50 万元。甲公司另收到乙公司作为补价支付的一项应收账款，交换日，乙公司该应收账款的账面价值为 40 万元，公允价值为 50 万元。假定该业务不具有商业实质。不考虑其他因素，甲公司在非货币性资产交换中取得生产设备的入账价值为（　　）万元。

  A. 180   B. 130   C. 110   D. 160

7. 2×23 年 1 月，甲公司通过房屋中介与乙公司签订一份写字楼租赁合同。合同约定，甲公司将一栋写字楼出租给乙公司，从 2×23 年 1 月 1 日起计算，租期 3 年，免租期 3 个月；每年不含税租金 180 万元，每年 12 月 31 日支付；租赁期满，乙公司需恢复场地原貌。甲公司另向房屋中介支付中介费用 5 万元。假定不考虑其他因素，甲公司上述租赁业务会计处理中，正确的是（　　）。

  A. 该租赁业务属于融资租赁业务 B. 2×23 确认租金收入 135 万元

  C. 按月计提折旧   D. 中介费用应当直接计入当期损益

8. 2×23 年 12 月 31 日，甲公司与乙公司签署一份转让协议，约定在 6 个月之内将一台管理用设备转让给乙公司。该设备于 2×19 年 6 月购入，账面原值 330 万元，预计净残值为 0，预计使用 5 年，采用年限平均法计提折旧。经减值测试，2×23 年 12 月 31 日设备的可回收金额为 30 万元。该设备满足划分为持有待售类别的其他条件。2×24 年 1 月 31 日，该设备的可回收金额为 18 万元；2×24 年 2 月 28 日，该设备的可回收金额为 32 万元。假定不考虑其他因素，甲公司下列会计处理中，正确的是（　　）。

  A. 2×24 年 1 月确认折旧金额为 6 万元

  B. 2×24 年 1 月确认资产减值损失的金额为 6 万元

  C. 2×24 年 2 月资产负债表中"持有待售资产"项目列报金额为 30 万元

  D. 2×24 年 2 月利润表中"资产减值损失"项目减少 14 万元

9. 下列关于非同一控制下企业合并中的企业合并成本与合并中取得的被购买方可辨认净资产公允价值份额之间差额的会计处理中，正确的是（　　）。

  A. 控股合并下企业合并成本大于合并中取得的被购买方可辨认净资产公允价值
   份额的差额，应在合并报表中列示为商誉

  B. 吸收合并下企业合并成本大于合并中取得的被购买方可辨认净资产公允价值
   份额的差额，在购买方的合并财务报表中列示为商誉

  C. 控股合并下企业合并成本小于合并中取得的被购买方可辨认净资产公允价值
   份额的差额，应在合并报表中列示为负商誉

  D. 吸收合并下企业合并成本大于合并中取得的被购买方可辨认净资产公允价值
   份额的差额，在购买方的合并财务报表中列示为负商誉

  10. 2×24 年 1 月 1 日，甲事业单位以银行存款 2 000 万元取得乙公司 40% 的有表决权股份，采用权益法核算。2×24 年度乙公司实现净利润 500 万元，2×25 年 3 月 1 日乙公司宣告发放现金股利 200 万元，3 月 20 日支付现金股利，2×25 年度乙公司发生亏损 100 万元，不考虑其他因素，则 2×25 年 12 月 31 日长期股权投资账面余额为（ ）万元。

  A. 2 200   B. 2 000   C. 2 120   D. 2 080

  二、多项选择题（本类题共 10 小题，每小题 2 分，共 20 分。每小题备选答案中，有两个或两个以上符合题意的正确答案。请至少选择两个答案，全部选对得满分，少选得相应分值，多选、错选、不选均不得分）

  1. 下列经济业务的会计处理中，能够体现实质重于形式要求的有（ ）。

  A. 将实质上转移了与租赁资产所有权有关的几乎全部风险和报酬的租赁，分类
   为融资租赁

  B. 销售商品并签订售后回购协议的，且回购价格高于原售价的，应当视为融资
   交易

  C. 将附有追索权的商业承兑汇票出售确认为质押贷款

  D. 非货币性资产交换的一方直接对另一方持股且以股东身份进行交易，应当适
   用债务重组的有关规定

  2. 下列固定资产的后续支出中，能够影响当期损益的有（ ）。

  A. 生产车间的生产设备发生的日常修理费（假定当期生产的产品全部对外销售）

  B. 管理部门空调的日常修理费

  C. 销售部门货运卡车的日常修理费

  D. 财务部门扫描机的日常修理费

  3. 下列关于房地产的转换形式及转换日的说法中，正确的有（ ）。

  A. 投资性房地产开始自用的，该房地产的转换日为房地产达到自用状态，企业
   开始将房地产用于生产经营的日期

  B. 作为存货的房地产改为出租的，转换日为房地产的租赁期开始日

  C. 自用土地使用权停止自用，改用于资本增值的，转换日为自用土地使用权停
   止自用的日期

D. 用于生产商品的房地产改为出租的，转换日为租赁期开始日

4. 2×24 年 11 月 1 日，甲公司与乙公司签订一份销售合同。合同约定甲公司向乙公司出售 300 件 N 产品，每件产品售价 1 万元。N 产品彼此之间明确可分，且将于未来 3 个月内陆续向乙公司发货。2×24 年 12 月 31 日，双方进行合同修订，乙公司要求甲公司在 2×25 年 1 月额外销售 100 件 N 产品。新增销售 100 件 N 产品与原合同中 N 产品可明确区分，售价为每件 0.9 万元，该价格不能反映合同变更时 N 产品的单独售价。至 2×24 年 12 月 31 日，甲公司累计发货 200 件。假定不考虑其他因素，上述业务甲公司进行的下列会计处理中，正确的有（ ）。

    A. 2×24 年甲公司应确认收入 390 万元

    B. 应将该合同变更部分作为一份单独合同处理

    C. 2×25 年甲公司应确认收入 190 万元

    D. 应将原合同未履约部分与合同变更部分合并为新的合同进行会计处理

5. 企业与关联方在同一时间内订立的多份包含租赁的合同，在满足相关条件时，应当合并为一份合同进行会计处理。下列各项中，属于相关条件的有（ ）。

    A. 多份租赁合同基于总体商业目的而订立并构成"一揽子"交易，若不作为整体考虑则无法理解其总体商业目的

    B. 多份合同中某份合同的对价金额取决于其他合同的定价

    C. 多份合同让渡的使用权资产合起来构成一项单独租赁

    D. 承租人可从单独使用该资产或将其与易于获得的其他资源一起使用中获利

6. 下列能够单独区分的组成部分，且该组成部分已经处置或划分持有待售类别的，符合终止经营定义的有（ ）。

    A. 甲公司决定出售的位于某市的一家零售门店，并签订转让协议

    B. 甲企业决定关闭从事工程承包业务的分部 P，要求分部 P 在完成现有承包合同后不再承接新的承包合同

    C. 甲集团正在关闭的主要从事房贷业务的子公司，虽然该子公司不再贷出新的款项，但仍会继续收回未结贷款的本金和利息，直至原设定的贷款期结束

    D. 甲集团决定出售的专门从事酒店管理（构成集团一项主要业务）的子公司

7. 2×24 年 1 月 1 日，甲公司以银行存款 2 000 万元取得 Z 公司 60% 股份，能够对乙公司实施控制。交易前甲、乙两公司不存在关联方关系。购买日，乙公司可辨认净资产的账面价值为 2 000 万元，公允价值为 2 500 万元，差额为一项管理用固定资产导致。该固定资产原价为 1 000 万元，已计提折旧 700 万元，未计提减值准备，公允价值为 800 万元，采用直线法计提折旧，预计可以使用 5 年，预计净残值为 0。2×24 年 12 月 31 日，甲公司实现净利润 1 000 万元，乙公司实现 300 万元。考虑其他因素，下列表述中正确的有（ ）。

    A. 调整后的子公司净利润为 200 万元

    B. 2×24 年末，母公司享有子公司净利润的部分为 120 万元

    C. 2×24 年末，少数股东损益为 120 万元

D. 2×24 年末，归属于母公司的净利润为 1 180 万元

8. 下列各项中，企业编制合并财务报表时，需要进行抵销处理的有（ ）。

A. 母公司对子公司长期股权投资与对应子公司所有者权益中所享有的份额

B. 子公司对母公司销售商品价款中包含的未实现内部销售利润

C. 母公司和子公司之间的债权与债务

D. 母公司向子公司转让无形资产价款中包含的未实现内部销售利润

9. 下列各项中，企业需要进行会计估计的有（ ）。

A. 预计负债计量金额的确定　　　　B. 应收账款未来现金流量的确定

C. 建造合同履约进度的确定　　　　D. 固定资产折旧方法的选择

10. 下列各项中，属于民间非营利组织会计报表的有（ ）。

A. 资产负债表　　　　　　　　　　B. 收入费用表

C. 净资产变动表　　　　　　　　　D. 现金流量表

三、判断题（本类题共 10 小题，每小题 1 分，共 10 分。请判断每小题的表述是否正确。每小题答案正确的得 1 分，错答、不答均不得分，也不扣分）

1. 担任会计机构负责人的人员，属于会计人员。　　　　　　　　　　　　（　　）

2. 企业将自用的办公楼转为以成本模式计量的投资性房地产，需确认损益账户的金额。　　　　　　　　　　　　　　　　　　　　　　　　　　　　　　　（　　）

3. 总部资产只有出现减值迹象时，才需要进行减值测试。　　　　　　　　（　　）

4. 企业将以摊余成本计量的金融资产重分类为以公允价值计量且其变动计入当期损益的金融资产，应当按照该金融资产在重分类日的公允价值进行计量。　　　（　　）

5. 企业向职工提供的其他长期职工福利，符合设定提存计划条件的，应当按照设定提存计划的有关规定进行会计处理。　　　　　　　　　　　　　　　　　（　　）

6. 企业发生的权益性融资费用，不应包括在借款费用中。　　　　　　　　（　　）

7. 对于同时包含于资产相关部分和与收益相关部分的政府补助，且难以区分的，企业应当将其整体归类为与资产相关的政府补助进行会计处理。　　　　　　　（　　）

8. 甲公司未来期间适用的企业所得税税率发生变化，甲公司应按照当前适用的企业所得税税率来确认递延所得税资产或递延所得税负债。　　　　　　　　　（　　）

9. 如果境外经营活动产生的现金流量直接影响企业的现金流量，并可随时汇回，境外经营应当选择与企业记账本位币相同的货币作为记账本位币。　　　　　　（　　）

10. 资产负债表日后，企业利润分配方案中拟分配的以及经审议批准宣告发放的股利或利润，应确认为资产负债表日负债，并应当在财务报表附注中单独披露。　（　　）

四、计算分析题（本类题共 2 小题，共 22 分，第 1 小题 10 分，第 2 小题 12 分。凡要求计算的，应列出必要的计算过程；计算结果出现小数的，均保留小数点后两位小数）

1. 甲公司对投资性房地产采用公允价值模式进行后续计量。2×22 年至 2×24 年

有关投资性房地产的相关业务资料如下：

（1）2×22 年 1 月 1 日，甲公司自行建造一栋办公楼。为建造办公楼，甲公司购进一批工程物资，取得对方开具的增值税专用发票注明的价款 4 000 万元，增值税税额 520 万元。该批物资全部用于办公楼工程项目。此外，甲公司还领用本公司生产的库存商品一批，成本 800 万元，市场价值 1 000 万元，支付在建工程人员薪酬 1 350 万元。相关款项以银行存款支付。

（2）2×22 年 9 月 20 日，办公楼达到预定可使用状态。该办公楼预计使用年限 50 年，预计净残值 150 万元，采用年限平均法计提折旧。

（3）2×23 年 1 月 1 日，甲公司与乙公司签订一份租赁合同。合同约定，自合同签订日开始，甲公司将办公楼出租给乙公司，期限 2 年，年租金 500 万元，于每年年末支付。当日，该办公楼的公允价值为 6 400 万元，该办公楼的公允价值能够持续可靠取得。

（4）2×23 年 12 月 31 日，该办公楼的公允价值为 6 600 万元。

（5）2×24 年 12 月 31 日，租赁合同到期，甲公司将办公楼出售给丙公司，收取价款 7 000 万元。

要求：

（1）计算办公楼的建造成本，并编制相关会计分录。

（2）计算甲公司 2×22 年应计提的折旧额，并编制相关会计分录。

（3）编制 2×23 年 1 月 1 日将办公楼转为投资性房地产的会计分录。

（4）编制 2×23 年与 2×24 年租金收入与 2×23 年公允价值变动的相关分录。

（5）编制甲公司 2×24 年出售投资性房地产的相关会计分录。

2. 2×23～2×24 年，甲公司发生的与债券投资相关的交易或事项如下：

资料一：2×23 年 1 月 1 日，甲公司以银行存款 4 800 万元购入乙公司于 2×21 年 1 月 1 日发行的期限为 5 年，按年付息、到期还本、不可提前赎回的债券。该债券面值为 5 000 万元，票面年利率为 6%，付息期为每年 1 月 1 日，乙公司实际支付日为每年 1 月 10 日。甲公司将购入的乙公司债券作为交易性金融资产核算。2×23 年 1 月 10 日，甲公司收到债券利息。

资料二：2×23 年 12 月 31 日，甲公司所持乙公司债券的公允价值为 5 100 万元（不含利息），并计提相关利息。

资料三：2×24 年 1 月 10 日，甲公司收到债券利息。

资料四：2×24 年 3 月 10 日，甲公司将所持乙公司债券全部出售，取得价款 5 150 万元存入银行。

不考虑相关税费及其他因素。（"交易性金融资产"科目应写出必要的明细科目）

要求：

（1）编制甲公司 2×23 年 1 月 1 日购入乙公司债券的会计分录。

（2）编制甲公司 2×23 年 1 月 10 日，甲公司收到乙公司债券利息的会计分录。

（3）编制甲公司 2×23 年 12 月 31 日确认债券利息收入和 2×24 年 1 月 10 日收到债券利息的会计分录。

（4）编制甲公司 2×23 年 12 月 31 日对乙公司债券投资按公允价值计量的会计分录。

（5）编制甲公司 2×24 年 3 月 10 日出售乙公司债券的会计分录。

五、综合题（本类题共 2 小题，共 33 分，第 1 小题 15 分，第 2 小题 18 分。凡要求计算的，应列出必要的计算过程；计算结果出现小数的，均保留小数点后两位小数）

1. 甲公司适用的企业所得税税率为 25%，且预计在未来期间保持不变，未来期间能够产生足够的应纳税所得额用于抵减可抵扣暂时性差异。2×23 年度所得税汇算清缴于 2×24 年 3 月 20 日完成，2×23 年度财务报告批准报出日为 2×24 年 4 月 5 日。2×23～2×24 年，甲公司部分业务资料如下：

（1）2×19 年 7 月 1 日，甲公司与乙公司签订一份分期付款合同，从乙公司处购入一条生产线。合同约定，甲公司应自签订合同起，每年 7 月 1 日支付 600 万元，连续支付 5 年。2×23 年 7 月 1 日，甲公司因资金周转困难未能按期支付最后一期货款而被乙公司起诉。至 2×23 年 12 月 31 日，该案件尚未判决，甲公司预计败诉的可能性为 80%。如败诉，甲公司需支付 80 万元至 120 万元的赔偿金，且该区间内每个金额发生的可能性相同。

（2）2×23 年，甲公司全年实际发放职工薪酬 5 000 万元，并计提职工教育经费 560 万元。

（3）2×24 年 1 月 16 日，人民法院对乙公司起诉甲公司的案件作出判决，判定甲公司败诉，并赔偿乙公司 110 万元。双方服从判决均表示不再上诉。当日，甲公司支付赔偿款 110 万元。

（4）2×24 年 1 月 20 日，甲公司董事会审议通过 2×23 年利润分配方案，决定发放现金股利 1 000 万元，该利润分配方案于 2×24 年 3 月 31 日经公司股东大会审议批准。

（5）其他资料：

①税法规定，与预计负债相关的损失在确认预计负债时不允许从应纳税所得额中扣除，只允许在实际发生时从应纳所得额中扣除。

②税法规定，实际发放的职工薪酬 5 000 万元准予税前全额扣除；按照当年实发工资总额 8% 的比例计提的职工教育经费，准予税前扣除，超出部分准许结转以后年度继续扣除。

③2×23 年初，递延所得税资产、递延所得税负债、预计负债的期初余额为 0。

④调整事项涉及所得税的，均可调整应交所得税。

⑤按照净利润的 10% 提取法定盈余公积。

⑥不考虑其他因素。

要求：

（1）根据资料（1）判断甲公司应否将与该事项相关的义务确认为预计负债，并简要说明理由。如需确认，计算确定预计负债的金额，并分别编制确认预计负债、递延所得税资产（或递延所得税负债）的会计分录。

（2）根据资料（2），判断相关业务是否产生暂时性差异，如果产生暂时性差异，请分别说明是否应计入递延所得税负债或递延所得税资产，分别说明理由，并编制与递延所得税费用有关的会计分录。

（3）根据资料（3），判断甲公司该事项是否属于 2×23 年度资产负债表日后调整事项，并简要说明理由，如果是调整事项，请编制相关会计分录；如果不是调整事项，请简要说明会计处理方法。

（4）根据资料（4），判断甲公司该事项是否属于 2×23 年度资产负债表日后调整事项，并简要说明理由，如果是调整事项，请编制相关会计分录；如果不是调整事项，请简要说明会计处理方法。

2. 2×23 ~ 2×24 年，甲公司发生的与股权投资相关的业务如下：

资料一：2×23 年 1 月 1 日，甲公司以银行存款 7 300 万元购入非关联方乙公司 20% 的有表决权股份，并能够对其施加重大影响。当日，乙公司所有者权益的账面价值为 40 000 万元（与公允价值相等）。甲公司采用的会计政策、会计期间和乙公司一致。

资料二：2×23 年 6 月 15 日，甲公司将一项生产成本为 600 万元的设备以 1 000 万元的价格销售给乙公司。当日，乙公司以银行存款支付了全部货款，并将其交付给本公司专设销售机构作为固定资产立即投入使用。乙公司预计该设备使用年限为 10 年，预计净残值为 0，采用直线法计提折旧。

资料三：2×23 年度，乙公司实现净利润 6 000 万元，因持有的其他债权投资公允价值上升计入其他综合收益 380 万元。

资料四：2×24 年 3 月 1 日，乙公司宣告分配现金股利 1 000 万元；2×24 年 3 月 10 日，甲公司按其持股比例收到乙公司分配的股利并存入银行。

资料五：2×24 年 9 月 1 日，甲公司以定向发行普通股股票 2 000 万股（每股面值 1 元，公允价值 10 元）的方式，从非关联方处继续购入乙公司 40% 的有表决权股份，累计持有 60% 有表决权的股份，并能对其实施控制（该合并不构成反向购买）。当日，乙公司可辨认净资产的公允价值为 45 000 万元（与公允价值相等）。

假定不考虑增值税和所得税等税费的影响。

要求：

（1）判断甲公司 2×23 年 1 月 1 日是否需要调整对乙公司股权投资的初始入账价值，并编制取得投资的会计分录。

（2）计算 2×23 年甲公司应确认的投资收益、其他综合收益的金额，以及 2×23 年末甲公司股权投资的账面价值，并编制会计分录。

（3）编制 2×24 年 3 月 1 日甲公司确认现金股利收入的会计分录，以及 2×24 年 3 月 10 日甲公司收到现金股利的会计分录。

（4）计算 2×24 年 9 月 1 日甲公司股权投资由权益法转为成本法时应确认的初始投资成本，并编制相关分录。

（5）计算 2×24 年 9 月 1 日甲公司应确认的合并商誉金额。

2025 年度中级会计资格
《中级会计实务》全真模拟试题（六）

一、单项选择题（本类题共 10 小题，每小题 1.5 分，共 15 分。每小题备选答案中，只有一个符合题意的正确答案。错选、不选均不得分）

1. 2×24 年 7 月 15 日，甲公司（为增值税一般纳税人）购入商品 100 件，取得的增值税专用发票注明的价款为 100 万元，增值税税额为 13 万元。另以银行存款支付运杂费 3 万元，入库前的挑选整理费 5 万元。不考虑其他因素，甲公司该批商品的入账价值为（　　）万元。

　　A. 100　　　　　　　B. 103　　　　　　　C. 108　　　　　　　D. 113

2. 2×24 年 4 月 1 日，甲公司以 1 040 万元的价格发行公司债券，并支付发行费用 4.5 万元。该债券面值为 1 000 万元，票面年利率为 5%，流通期为 3 年，每年付息一次，到期还本，次年 4 月 1 日付息。已知甲公司在年度终了时计提债券利息，该债券的实际利率为 3%。不考虑其他因素，甲公司 2×24 年 12 月 31 日 "应付债券——利息调整" 科目的余额为（　　）万元。

　　A. 23.73　　　　　B. 1 021.3　　　　　C. 21.3　　　　　D. 1 046.27

3. 下列各项中，不属于借款费用的是（　　）。

　　A. 借款利息　　　　　　　　　　B. 辅助费用
　　C. 外币借款发生的汇兑差额　　　D. 债券发行产生的溢价

4. 2×24 年 10 月，甲公司向乙公司销售电视机 1 000 台，每台价格为 3 500 元。同时，甲公司向乙公司提供价格保护，承诺如果未来 3 个月之内同类电视机价格下降，则按照合同价格与最低售价之间的差额向乙公司支付差价。甲公司根据以往执行类似合同的经验，预计各种结果可能发生的概率如下表所示：

未来 3 个月内的降价金额（元/台）	概率
0	40%
200	30%

未来 3 个月内的降价金额（元/台）	概率
300	20%
500	10%

上述价格均为不含增值税的金额。不考虑其他因素，甲公司每台电视机的交易价格为（　　　）元。

    A. 3 500　　　　　　B. 2 500　　　　　　C. 3 300　　　　　　D. 3 330

5. 2×24 年 6 月 15 日，甲公司以一项专利权换入乙公司持有的对联营企业丙公司的 20% 股权。当日，甲公司专利权的账面原值为 800 万元，累计摊销额为 120 万元，公允价值为 650 万元（系第三方报价机构使用甲公司自身数据通过估值技术确定）；乙公司持有的对联营企业丙公司的 20% 股权投资成本为 670 万元，损益调整为 -40 万元，公允价值为 700 万元（丙公司为上市公司，且公允价值是按照合同开始日的股票价格计算）。甲公司另同意以银行存款支付补价 40 万元。不考虑其他因素，甲公司该非货币性资产交换对当期损益的影响金额是（　　　）万元。

    A. -30　　　　　　B. -20　　　　　　C. 70　　　　　　D. 110

6. 甲公司 2×24 年实现利润总额 500 万元，包含缴纳空头支票罚款 5 万元，业务招待费超支 10 万元，国债利息收入 30 万元。甲公司年初"预计负债——应付产品质量保证费"余额为 25 万元，当年提取产品质量保证费 15 万元，当年支付产品质量保证费 6 万元。甲公司适用的所得税税率为 25%。不考虑其他因素，甲公司 2×24 年所得税费用为（　　　）万元。

    A. 121.25　　　　　　B. 125　　　　　　C. 330　　　　　　D. 378.75

7. 2×23 年 1 月 1 日，甲公司从母公司处购入乙公司 60% 有表决权的股份，并能够实施控制。2×23 年度，乙公司实现净利润 1 000 万元，分派现金股利 200 万元。2×23 年 12 月 31 日，甲公司个别资产负债表中所有者权益总额为 10 000 万元。假定不考虑其他因素，甲公司 2×23 年 12 月 31 日，合并资产负债表中归属于母公司所有者权益的金额为（　　　）万元。

    A. 10 800　　　　　　B. 10 480　　　　　　C. 10 600　　　　　　D. 11 200

8. 2×23 年 1 月 1 日，甲公司将一项投资性房地产从成本模式转为公允价值模式计量。当日，该投资性房地产的账面原值为 3 600 万元，已计提折旧 600 万元，公允价值为 4 000 万元。甲公司按照净利润的 10% 计提盈余公积，适用的所得税税率为 25%。不考虑其他因素，该会计政策变更对甲公司 2×23 年的期初留存收益的影响金额为（　　　）万元。

    A. 2 000　　　　　　B. 3 000　　　　　　C. 750　　　　　　D. 675

9. 下列关于资产负债表日后事项的表述中，错误的是（　　　）。

    A. 影响重大的资产负债表日后非调整事项应在附注中披露

  B. 对资产负债表日后调整事项应当调整资产负债表日财务报表有关项目

  C. 资产负债表日后事项包括资产负债表日至财务报告批准报出日之间发生的全部事项

  D. 判断资产负债表日后调整事项的标准在于该事项对资产负债表日存在的情况提供了新的或进一步的证据

  10. 年末，完成非财政拨款专项资金结转后，留归本单位使用的非财政拨款结转（项目已完成）计入（　　　）。

  A. 本期盈余   B. 银行存款

  C. 专用基金   D. 非财政拨款结余——结转转入

  二、多项选择题（本类题共 10 小题，每小题 2 分，共 20 分。每小题备选答案中，有两个或两个以上符合题意的正确答案。请至少选择两个答案，全部选对得满分，少选得相应分值，多选、错选、不选均不得分）

  1. 下列各项中，不适用《小企业会计准则》的有（　　　）。

  A. 股票或债券在市场上公开交易的小企业

  B. 金融机构或其他具有金融性质的小企业

  C. 企业集团内的母公司

  D. 企业集团内的子公司

  2. 下列情形中，通常表明存货的可变现净值为零的有（　　　）。

  A. 已经霉烂变质的原材料

  B. 已过期且无转让价值的库存商品

  C. 生产中已不再需要，且无使用价值和转让价值的库存商品

  D. 市场价格持续下跌，且无价值回升的原材料

  3. 关于使用寿命有限的无形资产的下列会计处理中，正确的有（　　　）。

  A. 通常应视无形资产的残值为零

  B. 无法确定无形资产预期消耗方式的，不应进行摊销

  C. 若无形资产的残值重新估计后高于账面价值时，则应按照残值进行摊销

  D. 无形资产的摊销金额一般应当计入当期损益，但若该无形资产是专门用于生产某种产品的，则应将该无形资产的摊销额计入相关资产的成本

  4. 乙公司、丙公司和丁公司均为甲公司的子公司。甲公司及其相关子公司经各自董事会批准，于 2×24 年 1 月 1 日对甲公司以及相关子公司管理人员或员工进行激励：（1）甲公司以自身普通股授予乙公司管理人员；（2）丙公司按照上年实现净利润的 5% 分配给在职员工；（3）丁公司以自身普通股授予其管理人员；（4）甲公司以其生产的产品分配给职工。下列各项关于甲公司及其相关子公司对其管理人员或员工进行激励的安排中，应按股份支付会计准则进行会计处理的有（　　　）。

  A. 丙公司按上年净利润的 5% 分配给员工

  B. 甲公司以其生产的产品分配给员工

  C. 甲公司以自身普通股授予乙公司管理人员

  D. 丁公司以自身普通股授予其管理人员

5. 以公允价值为基础计量非货币性资产交换时，应当满足的条件有（ ）。

  A. 交换具有商业实质

  B. 换入资产的公允价值能够可靠计量

  C. 换出资产的公允价值能够可靠计量

  D. 交换当日的公允价值能够为交换双方认可

6. 甲公司是一家动画制作公司，乙公司是一家家电生产公司。2×23 年 9 月 1 日，甲公司将其拥有的一部动漫的角色形象和名称的版权授予乙公司，并签订一份不可撤销的合同。合同约定，乙公司有权在合同签订日起 5 年内以不同形式使用这些动漫角色。因甲公司会定期更新动漫内容，并会定期创造新的动漫剧情，所以角色形象也会定期演变。同时合同要求乙公司必须使用最新的角色形象。授权期内，甲公司每年向乙公司收取价款 1 200 万元。除该版权外，甲公司无须提供任何其他商品。假定不考虑其他因素，下列关于上述业务的表述中，正确的有（ ）。

  A. 该业务属于时段履约义务

  B. 甲公司应按照时间进度确认履约进度

  C. 该业务属于时点履约义务

  D. 2×23 年甲公司应确认收入 400 万元

7. 下列各项中，属于债务重组的有（ ）。

  A. 债权人在减免债务人部分债务本金的同时提高剩余债务利息

  B. 债权人同意债务人用等值库存商品抵偿到期债务

  C. 针对合同资产进行的交易安排

  D. 针对合同负债进行的交易安排

8. 生产制造企业下列项目中，应确认递延所得税资产的有（ ）。

  A. 账面价值大于其计税基础的自用生产设备

  B. 计提存货跌价准备的外购生产用原材料

  C. 期末公允价值小于初始投资成本的交易性金融资产

  D. 拟长期持有的长期股权投资，因其联营企业实现净利润增加长期股权投资的账面价值

9. 甲公司将境外经营的记账本位币不同的乙公司纳入合并财务报表时，对报表项目作出的下列会计处理中，正确的有（ ）。

  A. 应收账款项目采用资产负债表日的即期汇率换算

  B. 长期应付款项目采用资产负债表日的即期汇率换算

  C. 未分配利润项目采用发生时的即期汇率换算

  D. 财务费用项目采用交易日的即期汇率

10. 下列租赁业务中，出租人应当分类为融资租赁的有（ ）。

  A. 出租人出租一台生产设备 3 年，该设备预计使用 20 年，已使用 16 年

B. 出租人在租赁期满时，会将租出专利技术的所有权转移给承租人

C. 出租人在租赁开始日，租赁收款额的现值几乎相当于租赁资产的公允价值

D. 承租人撤销租赁对出租人造成的损失由承租人承担

三、判断题（本类题共 10 小题，每小题 1 分，共 10 分。请判断每小题的表述是否正确。每小题答案正确的得 1 分，错答、不答均不得分，也不扣分）

1. 工作量法是根据计划工作量计算每期应计提折旧额的一种方法。（　）

2. 以公允价值模式计量的投资性房地产，初始计量时，应当按照公允价值进行计量。（　）

3. 长期股权投资的减值准备，一经计提，后期不得转回。（　）

4. 预计资产的未来现金流量如果涉及外币，应将该外币现值按照计算资产未来现金流量现值当日的即期汇率进行折算。（　）

5. 企业应当将重新计量设定受益计划净资产所产生的变动计入投资收益。（　）

6. 甲企业收取的同时包含与资产相关和与收益相关部分的政府补助，无法明确区分时，应将其整体归类为与资产相关的政府补助。（　）

7. 如果只有出租人有权终止租赁，则不可撤销的租赁期包括终止租赁选择权所涵盖期间。（　）

8. 已划分为持有待售类别的固定资产，在持有期间，应当继续计提折旧。（　）

9. 合并财务报表中，少数股东权益项目的列报金额不能为负数。（　）

10. 企业变更固定资产的预计使用年限时，应对以前年度已计提折旧金额进行追溯调整。（　）

四、计算分析题（本类题共 2 小题，共 22 分，第 1 小题 10 分，第 2 小题 12 分。凡要求计算的，应列出必要的计算过程；计算结果出现小数的，均保留小数点后两位小数）

1. 2×21 年 1 月 1 日，甲公司与乙公司签订了一项租赁协议，将一栋经营管理用办公楼出租给乙公司，租赁期为 3 年，租赁期开始日为 2×21 年 1 月 1 日，年租金为 300 万元，每年年初收取。相关业务资料如下：

（1）2×20 年 12 月 31 日，甲公司将该办公楼停止自用，准备出租给乙公司，拟采用成本模式进行后续计量。该办公楼于 2×17 年 12 月 31 日达到预定可使用状态时的初始入账价值为 2 450 万元，预计使用年限为 20 年，预计净残值为 50 万元，采用年限平均法计提折旧。转为投资性房地产后，该办公楼预计尚可使用 17 年，预计净残值为 50 万元，采用年限平均法计提折旧，不存在减值迹象。

（2）2×21 年 1 月 1 日，甲公司收到年租金 300 万元并存入银行。甲公司按月将租金收入确认为其他业务收入，并结转相关成本。

（3）2×22 年 12 月 31 日，甲公司考虑到所在城市存在活跃的房地产市场，并且能够从房地产交易市场上取得同类房地产的市场报价，甲公司决定改用公允价值模式对

该办公楼进行后续计量。当日，该办公楼的公允价值为 2 000 万元。

（4）2×23 年 12 月 31 日，该写字楼的公允价值为 2 150 万元。

（5）2×24 年 1 月 1 日，租赁合同到期，甲公司为解决资金周转困难，将该写字楼出售给丙公司，价款为 2 100 万元，款项已收存银行。

假定甲公司按净利润的 10% 提取法定盈余公积，不考虑其他因素。

要求：

（1）根据资料（1），编制 2×20 年 12 月 31 日甲公司将该办公楼转为投资性房地产的会计分录。

（2）根据资料（2），编制 2×21 年 1 月 1 日甲公司收取租金、2×21 年 1 月 31 日确认租金收入以及结转成本的会计分录。

（3）编制 2×22 年 12 月 31 日甲公司将该投资性房地产的后续计量由成本模式转换为公允价值模式的相关会计分录。

（4）编制 2×23 年 12 月 31 日甲公司确认公允价值变动损益的相关会计分录。

（5）编制 2×24 年 1 月 1 日甲公司处置该投资性房地产的相关会计分录。

2. 甲公司有一条用于生产精密仪器的生产线。该生产线由 A、B、C 三台设备构成，成本分别为 40 万元、60 万元和 100 万元。使用年限 10 年，预计净残值为 0，采用年限平均法计提折旧。各设备均无法单独产生现金流量，但整条生产线构成完整的产销单位，属于一个资产组。2×23 年该生产线生产的精密仪器有替代品上市，致使甲公司生产的精密仪器的销量锐减 30%，因此，甲公司决定对生产线进行减值测试。

2×23 年 12 月 31 日，A、B、C 三台设备的账面价值分别为 20 万元、30 万元和 50 万元。估计 A 机器的公允价值减去处置费用后的净额为 15 万元，B、C 机器都无法合理估计其公允价值减去处置费用后的净额以及未来现金流量的现值。

整条生产线预计尚可使用 5 年。经估计其未来 5 年的现金流量及恰当的折现率后，得到该生产线预计未来现金流量的现值为 60 万元。无法合理估计生产线的公允价值减去处置费用后的净额。

要求：

（1）计算 A、B、C 三台设备各自应当确认的减值金额，并编制相关会计分录。

（2）计算分摊减值后，资产组以及各组成设备的账面价值。

五、综合题（本类题共 2 小题，共 33 分，第 1 小题 15 分，第 2 小题 18 分。凡要求计算的，应列出必要的计算过程；计算结果出现小数的，均保留小数点后两位小数）

1. 2×24 年度，甲公司与股权投资相关的交易或事项如下：

资料一：2×24 年 1 月 1 日，甲公司以银行存款 1 000 万元购入乙公司有表决权的股份 500 万股，同时支付交易费用 10 万元。甲公司持有该股权投资的主要目的是近期出售。

资料二：2×24 年 3 月 31 日，甲公司该股权投资的市场价值为 1 200 万元。

资料三：2×24年7月1日，甲公司以银行存款5 000万元购入乙公司有表决权的股份2 000万股，至此甲公司累计持有乙公司20%有表决权的股份，并能够对乙公司施加重大影响。当日，乙公司可辨认净资产的公允价值为40 000万元；甲公司原股权投资的市场价值为1 500万元。甲公司另支付律师咨询费等中介费用100万元。

资料四：2×24年12月1日，甲公司向乙公司销售一批商品，该批商品的生产成本为750万元，市场价值为1 000万元，乙公司将其作为存货核算。

资料五：2×24年12月31日，乙公司实现净利润5 000万元，并宣告发放现金股利500万元。本年度从甲公司处购入的商品对外售出60%。

其他资料：甲、乙公司均以公历年度作为会计年度，采用相同的会计政策。本题不考虑增值税、企业所得税等相关税费及其他因素。

要求：

（1）判断甲公司2×24年1月1日取得的乙公司股权的分类，并说明理由，同时编制取得乙公司有表决权的股份的会计分录。

（2）编制甲公司2×24年3月31日该股权投资公允价值变动的会计分录。

（3）计算甲公司2×24年7月1日持有乙公司20%有表决权股份的初始入账价值，并编制相关会计分录。

（4）计算甲公司2×24年因持有乙公司股份而确认的投资收益，并编制相关会计分录。

（5）编制甲公司在2×24年乙公司宣告发放现金股利的会计分录。

2. 甲股份有限公司为我国境内注册的上市公司（以下简称甲公司），其主要客户在我国境内。有关业务资料如下：

（1）出于国际业务需要，甲公司2×24年1月1日以6 000万美元从境外乙公司原股东处购买了在M国注册的乙公司发行在外的60%股份，共计1 200万股，并自当日起能够对乙公司实施控制。甲公司另支付相关审计、法律等中介费用160万人民币元。乙公司以美元作为主要结算货币。

2×24年1月1日，乙公司可辨认净资产公允价值为9 000万美元；美元与人民币之间的即期汇率为1美元=6.3人民币元。2×24年，乙公司以购买日可辨认净资产公允价值为基础计算实现的净利润为600万美元，无其他所有者权益变动。乙公司的利润表在折算为母公司记账本位币时，按照平均汇率折算。其他相关汇率信息如下：2×24年12月31日，1美元=6.2人民币元；2×24年度平均汇率1美元=6.25人民币元，甲公司有确凿证据表明对乙公司的投资没有减值迹象，并自购买日起对乙公司的投资按历史成本在个别资产负债表中列报。

（2）2×24年7月1日，甲公司发行200万股普通股取得丙公司20%有表决权股份，并能够对丙公司施加重大影响。丙公司注册地为北京市，以人民币为记账本位币，股份发行日，甲公司每股股份的市场价格为2.5元。发行过程中支付券商手续费10万元；丙公司可辨认净资产的公允价值与账面价值相同，均为2 600万元。

2×24年11月1日，甲公司向丙公司销售一批存货，成本为120万元，售价为200

万元（不含增值税），丙公司购入后仍将其作为存货，至 2×24 年 12 月 31 日，丙公司已将上述存货对外销售 80%。

假设甲公司在购买乙公司、丙公司的股份之前，与其不存在关联方关系，不考虑其他因素。

要求：

（1）计算甲公司购买乙公司股份的成本，并说明由此发生的相关费用的会计处理。

（2）计算甲公司购买乙公司股权在合并报表中应确认的商誉金额。

（3）计算乙公司 2×24 年度个别财务报表折算为母公司记账本位币时的外币报表折算差额，少数股东承担的外币报表折算差额及合并报表中列示的外币报表折算差额。

（4）计算甲公司发行权益证券对股本、资本公积及所有者权益总额的影响，并编制相关分录。

（5）编制甲公司对丙公司销售存货在合并财务报表中的调整抵销分录。

2025 年度中级会计资格
《中级会计实务》全真模拟试题（七）

一、单项选择题（本类题共 10 小题，每小题 1.5 分，共 15 分。每小题备选答案中，只有一个符合题意的正确答案。错选、不选均不得分）

1. 企业会计人员作出的下列会计处理中，符合谨慎性要求的是（　　）。
   A. 设置秘密准备
   B. 对售出商品可能发生的保修义务确认预计负债
   C. 对生产设备采用工作量法计提折旧
   D. 在物价上涨时对原材料采用后进先出法

2. 2×24 年 12 月，甲公司处置一项以公允价值模式计量的投资性房地产，取得价款 6 500 万元（不含税），并存入银行。该投资性房地产的账面价值 6 400 万元，其中，成本 6 000 万元，公允价值变动 400 万元。已知该投资性房地产是由甲公司一项自用办公楼转换而来，转换当日该办公楼账面价值为 4 800 万元。不考虑其他因素，甲公司处置该投资性房地产应确认的处置损益为（　　）万元。
   A. 1 300　　　　　B. 400　　　　　C. 1 200　　　　　D. 1 700

3. 2×23 年 4 月 1 日，甲公司以定向增发普通股 500 万股（每股面值 1 元，每股公允价值 6 元）方式取得乙公司 20% 的股权，并能够对其施加重大影响。甲公司另以银行存款支付股票发行费用 90 万元，咨询评估费 20 万元，审计费 30 万元。当日，乙公司可辨认净资产的公允价值为 17 500 万元。不考虑其他因素，甲公司该长期股权投资的投资成本为（　　）万元。
   A. 3 000　　　　　B. 3 050　　　　　C. 3 140　　　　　D. 3 500

4. 2×24 年 7 月，甲企业向客户销售 A、B、C 三台设备，售价总额为 500 万元。A、B、C 三台设备单独销售时，其价格分别为 100 万元、300 万元、200 万元。根据以往惯例，甲企业经常以组合方式销售 B 设备和 C 设备，组合价为 400 万元；A 设备经常以 100 万元的价格单独销售。不考虑其他因素，甲企业该销售业务中 B 设备应确认的收入金额为（　　）万元。
   A. 160　　　　　B. 240　　　　　C. 250　　　　　D. 300

5. 2×23 年 1 月 1 日，甲公司向政府有关部门提交 500 万元的补助申请，用于购置环保生产设备。3 月 15 日，甲公司收到政府补助 500 万元，并于当日购入不需要安装的环保生产设备。该设备的初始入账价值为 800 万元，预计使用年限 5 年，预计净残值为 0，采用年数总和法计提折旧。2×23 年 12 月 31 日，因政策变动，甲公司退回补助款 500 万元。甲公司采用净额法对该政府补助进行会计处理。不考虑其他因素，此业务在甲公司 2×23 年利润表中"营业利润"的影响金额为（　　）万元。

 A. 0   B. −75   C. −125   D. −200

6. 关于债务重组中债权债务终止确认的下列表述中，错误的是（　　）。

 A. 在报告期已经开始协商，但在报告期资产负债表日后的债务重组，不属于资产负债表日后事项

 B. 终止确认的以公允价值计量且其变动计入其他综合收益的债权，之前计入其他综合收益的累计利得，应从"其他综合收益"科目转入"盈余公积"和"利润分配——未分配"科目

 C. 符合条件的金融资产，债权人在收取债权现金流量的合同权力终止时终止确认债权，并确认债务重组的相关损益

 D. 符合条件的金融负债，债务人在债务的现时义务解除时终止确认债务，并确认债务重组的相关损益

7. 2×22 年 12 月 31 日，甲公司购入的一台废气过滤设备达到预定可使用状态，取得对方开具的增值税专用发票注明的金额为 160 万元，预计使用年限为 5 年，预计净残值为 10 万元，采用年数总和法计提折旧。当日，该设备的初始入账金额与计税基础一致。根据税法规定，该设备在 2×23 年至 2×27 年每年可予税前扣除的折旧金额均为 30 万元。不考虑其他因素，2×24 年 12 月 31 日，该设备的账面价值与计税基础之间形成的暂时性差异为（　　）万元。

 A. 70   B. 0   C. 20   D. 30

8. 关于出租人融资租赁的下列会计处理中，错误的是（　　）。

 A. 出租人对应收融资租赁款进行初始计量时，应当以租赁投资净额作为应收融资租赁款的入账价值

 B. 出租人应当按照固定的周期性利率计算并确认租赁期内各个期间的利息收入

 C. 变更租赁合同延长租赁期限的，出租人应当将该变更与之前的租赁合同合并处理

 D. 增加一项租赁资产使用权而扩大租赁范围且增加的对价与租赁范围扩大部分的单独价格按该合同情况调整后的金额相当，出租人应当将该变更作为一项单独租赁进行会计处理

9. 下列各项中，不属于母公司编制合并财务报表中需要进行抵销的内部债权债务的项目的是（　　）。

 A. 应收账款与应付账款   B. 预付账款与预收账款

 C. 应收票据与应付票据   D. 其他应收款与其他应付款

10. 甲公司适用的所得税税率为 25%。2×24 年度所得税汇算清缴于 2×25 年 5 月 15 日完成。2×23 年 12 月 31 日，甲公司与承租方乙公司签订写字楼租赁合同。租赁期限为 2×24 年 1 月 1 日至 2×26 年 12 月 31 日，月租金 10 万元，于每月月末支付。2×25 年 4 月 10 日，甲公司发现 2×24 年度租金收入漏记，甲公司将该重要差错采用追溯重述法进行差错更正。假定按净利润的 10% 计提盈余公积。该差错更正对 2×25 年初留存收益产生的影响为（ ）万元。

A. 90   B. 120   C. −90   D. −120

二、多项选择题（本类题共 10 小题，每小题 2 分，共 20 分。每小题备选答案中，有两个或两个以上符合题意的正确答案。请至少选择两个答案，全部选对得满分，少选得相应分值，多选、错选、不选均不得分）

1. 2×23 年 1 月 1 日，甲公司与乙公司签订一项专利权的购销合同。合同约定，甲公司当日支付 100 万元，2×23 年至 2×27 年每年年末支付 100 万元。当日该专利权的现销价格为 520 万元。甲公司的该项购买行为实质上具有重大融资性质。假定不考虑其他因素，下列各项关于甲公司该专利权会计处理的表述中，正确的有（ ）。

A. 未确认融资费用的初始入账金额为 80 万元

B. 长期应付款的初始入账金额为 600 万元

C. 该专利权的初始入账金额为 600 万元

D. 未确认融资费用在付款期内采用实际利率法进行摊销

2. 下列关于金融负债的说法中，正确的有（ ）。

A. 一般情形下，企业应当将金融负债分类为以摊余成本计量的金融负债

B. 不符合终止确认条件的金融资产转移形成的金融负债，应当以摊余成本进行计量

C. 非同一控制下企业合并中，企业作为购买方确认的或有对价形成的金融负债，应当按照以公允价值计量且其变动计入当期损益进行会计处理

D. 金融负债的分类一经确定，不得变更

3. 下列各项中，属于短期薪酬的有（ ）。

A. 为改善职工文化生活计提的工会经费

B. 按照国家规定的基础和比例计提的基本养老保险

C. 向职工提供的生活困难补助

D. 企业在员工正式退休之前实施的职工内部退休计划

4. 关于或有事项和最佳估计数确定的下列说法中，正确的有（ ）。

A. 如果或有事项仅涉及单个项目，按照相关概率加权平均计算

B. 初始入账时应当考虑预期处置相关资产形成的现金流量

C. 清偿时间超过 1 年的，应当考虑货币时间价值

D. 预计负债应当按照履行相关现时义务所需支付的最佳估计数进行初始计量

5. 企业针对下列债权债务进行的交易安排，不属于债务重组的有（ ）。

A. 合同资产
B. 租赁应收款

C. 合同负债
D. 租赁应付款

6. 与当期及以前期间直接计入所有者权益的交易或事项相关的当期所得税及递延所得税应当记入所有者权益，下列各项中，直接计入所有者权益的交易或事项的有（　　）。

A. 对会计政策变更采用追溯调整法调整的期初留存收益

B. 对前期差错更正采用追溯调整法调整的期初留存收益

C. 以公允价值计量且其变动计入其他综合收益的金融资产的公允价值变动

D. 采用公允价值模式计量的投资性房地产的公允价值变动

7. 下列各项中，属于企业确定记账本位币时应当考虑的因素有（　　）。

A. 提供劳务的主要计价货币
B. 购买商品的主要计价货币

C. 结算人工薪酬所使用的货币
D. 融资活动获得的货币

8. 下列各项中，属于企业将非流动资产或处置组划分为持有待售类别应满足的条件的有（　　）。

A. 可立即出售

B. 出售极可能发生

C. 主要通过出售而非持续使用收回其账面价值

D. 拟结束使用

9. 下列各项中，属于前期差错的有（　　）。

A. 计算错误
B. 应用会计政策错误

C. 舞弊产生的影响
D. 盘盈存货

10. 2×25 年 12 月 10 日，甲民间非营利组织按照与乙企业签订的一份捐赠协议，向乙企业指定的一所贫困小学捐赠电脑 50 台，该组织收到乙企业捐赠的电脑时进行的下列会计处理中，正确的有（　　）。

A. 确认固定资产
B. 确认受托代理资产

C. 确认捐赠收入
D. 确认受托代理负债

三、判断题（本类题共 10 小题，每小题 1 分，共 10 分。请判断每小题的表述是否正确。每小题答案正确的得 1 分，错答、不答均不得分，也不扣分）

1. 企业预计的销售存货现金流量，即为存货的可变现净值。　　　　（　　）

2. 企业对固定资产进行定期检查发生的大修理费用，即便有确凿的证据表明符合固定资产确认条件的部分，也不应资本化计入固定资产的成本。　　　　（　　）

3. 资产组经减值测试发生减值的，应首先抵减分摊至资产组中商誉的公允价值。
　　　　（　　）

4. 在初始确认时，如果能够消除或显著减少会计错配，企业可以将金融资产指定为以公允价值计量且其变动计入当期损益的金融资产。　　　　（　　）

5. 附市场条件的股份支付，应在所有市场及非市场条件均满足时确认相关成本

费用。 （　）

6. 如果重组债务未来现金流量（包括支付和收取的某些费用）现值与原债务的剩余期间现金流量现值之间的差异超过30%，则意味着新的合同条款进行了"实质性修改"或者重组债务是"实质上不同"的，有关现值的计算均采用原债务的实际利率。
（　）

7. 使用权资产减值准备一经计提，后期不得转回。 （　）

8. 出租人取得的未纳入租赁投资净额计量的可变租赁付款额，应在实际发生时计入当期损益。 （　）

9. 转赠物资的委托人取消了对捐赠物资的转赠要求，且不再收回捐赠物资的，行政事业单位应当将转赠物资转为单位的存货、固定资产等，同时确认经营收入。 （　）

10. 民间非营利组织对于其接受的劳务捐赠，应按照公允价值入账，并在会计报表附注中披露。 （　）

四、计算分析题（本类题共 2 小题，共 22 分，第 1 小题 10 分，第 2 小题 12 分。凡要求计算的，应列出必要的计算过程；计算结果出现小数的，均保留小数点后两位小数）

1. 甲公司与乙公司均为增值税一般纳税人，适用的增值税税率为13%。2×24 年10 月，为适应业务发展的需要，甲公司与乙公司协商并签订一份资产交换合同，该交换具有商业实质。双方交换资产的相关资料如下：

（1）甲公司以生产经营的机器设备、生产用专利权和一项对 P 公司的股票投资（甲公司将该投资作为交易性金融资产核算）作为对价进行交换。其中机器设备账面原值500 万元，累计折旧200 万元，交换日不含税的公允价值为320 万元；生产用专利权账面原值200 万元，累计摊销120 万元，交换日不含税的公允价值为85 万元；交易性金融资产账面原值480 万元，公允价值变动80 万元，交换日不含税的公允价值为600 万元。

（2）乙公司以一批库存商品与对合营企业丙公司的长期股权投资进行交换。其中库存商品账面价值为360 万元，交换日不含税的公允价值为400 万元；对丙公司的长期股权投资的账面价值为720 万元，其中投资成本560 万元，损益调整125 万元，其他综合收益25 万元，除净损益、其他综合收益和利润分配外的其他所有者权益变动为10 万元，交换日不含税的公允价值800 万元。

（3）其他资料：假定甲公司和乙公司换入资产与换出资产的公允价值均能够可靠计量；甲公司和乙公司都没有为换出资产计提减值准备；由于乙公司迫切需要甲公司的专利权来提高产品质量，便同意甲公司以银行存款支付不含税补价45 万元，甲公司以银行存款向乙公司支付换出资产销项税额与换入资产进项税额的差额5.3 万元；专利权适用的增值税税率为6%；甲公司与乙公司均开具了增值税专用发票。

要求：

（1）计算甲公司换入资产的入账价值，并编制相关会计分录。

（2）计算乙公司换入资产的入账价值，并编制相关会计分录。

2. 甲公司为大型建筑施工公司，2×23 年 1 月 1 日，甲公司与乙公司签订一项办公楼建造工程合同。合同约定，该工程造价为 16 000 万元，工程期限为 1.5 年，预计 2×24 年 6 月 30 日竣工；预计可能发生的总成本为 12 000 万元；甲公司负责工程的施工及全面管理，乙公司按照第三方工程监理公司确认的工程完工量，每半年与甲公司结算一次。2×23 年 12 月 31 日，因建筑材料涨价等原因，甲公司预计合同总成本将调整为 12 500 万元。每年发生的成本中 60% 为建筑材料费用，其余为工资、薪金支出。相关资料如下：

单位：万元

项目	2×23 年 6 月 30 日	2×23 年 12 月 31 日	2×24 年 6 月 30 日
累计发生实际成本	5 400	9 000	12 500
预计完成合同尚需发生成本	6 600	3 500	—
合同结算价款	7 500	4 500	4 000
实际收取价款	7 400	5 800	4 240

其他资料：上述业务均属于在某一时段履行的履约义务，甲公司采用已发生成本占预计总成本比例计算履约进度；适用的增值税税率为 9%。

要求：

（1）计算 2×23 年 6 月 30 日工程的履约进度以及合同收入，并编制确认收入、结转成本、结算款项等相关会计分录。

（2）计算 2×23 年 12 月 31 日工程的履约进度以及合同收入，并编制确认收入、结转成本、结算款项等相关会计分录。

（3）计算 2×24 年 6 月 30 日工程的履约进度以及合同收入，并编制确认收入、结转成本、结算款项等相关会计分录。

五、综合题（本类题共 2 小题，共 33 分，第 1 小题 15 分，第 2 小题 18 分。凡要求计算的，应列出必要的计算过程；计算结果出现小数的，均保留小数点后两位小数）

1. 甲公司适用的所得税税率为 25%，预计未来期间适用的企业所得税税率不会发生变化，未来期间能够产生足够的应纳税所得额以抵减可抵扣暂时性差异。甲公司 2×24 年的财务报告批准报出日为 2×25 年 3 月 20 日，所得税汇算清缴于 2×25 年 4 月 30 日完成。2×24 ~ 2×25 年甲公司发生的相关交易或事项如下：

资料一：2×24 年 12 月 1 日，甲公司向乙公司销售一批商品，符合收入确认条件，销售价格为 3 000 万元，款项尚未收到。甲公司以摊余成本计量该项交易形成的应收账款。2×24 年 12 月 31 日，甲公司按预期信用损失法对该项应收账款计提坏账准备 300 万元。假定税法规定资产减值损失在实际发生时才允许在税前扣除。

资料二：2×25 年 2 月 1 日，甲公司于 2×24 年 12 月 1 日形成的应收乙公司账款的公允价值为 2 500 万元。当日，甲、乙公司签订债务重组合同，甲公司同意乙公司以一台机器设备抵偿欠款，甲公司取得机器设备的所有权，并确认为固定资产。

资料三：2×25年4月1日，甲公司向丙公司销售1 000件商品，单位销售价格是1万元，单位成本是0.8万元。当日已收到货款并存入银行，根据合同约定，丙公司有权在2×25年6月1日之前无条件退货。甲公司根据以往经验估计退货率为20%。假定税法规定销售退回货物冲减退回当期的应纳税所得额。

资料四：2×25年6月1日，退货期满，甲公司收到丙公司退回的商品150件，以银行存款支付相关的退货款。

假定本题不考虑除所得税以外的相关税费及其他因素。

要求：

（1）编制甲公司2×24年12月31日计提坏账准备、确认递延所得税的相关会计分录。

（2）判断甲公司2×25年2月1日与乙公司的债务重组是否属于资产负债表日后调整事项。如果属于调整事项，编制相关的会计分录，如果属于非调整事项，简要说明理由。

（3）编制甲公司2×25年2月1日与乙公司进行债务重组的相关会计分录。

（4）编制甲公司2×25年4月1日向丙公司销售商品时确认收入结转成本，确认递延所得税的相关会计分录。

（5）编制甲公司2×25年6月1日收到丙公司退回商品及确认所得税影响的相关会计分录。

2. 2×21年1月1日，甲公司为建设新的工业园区，发行5年期公司债券。有关资料如下：

（1）2×21年1月1日，甲公司委托证券公司以7 650万元的价格发行5年期、分期付息到期还本的公司债券，该债券面值8 000万元，票面年利率5%，实际年利率6.04%。假定不考虑发行债券的相关交易费用。

（2）2×21年1月1日，甲公司开始动工建造，发行债券所得款项于当日全部支付给建造承包商。2×25年12月31日，工业园区达到预定可使用状态。

（3）各年的利息均于次年1月5日支付，2×26年1月5日偿付债券利息，并偿付债券面值。

（4）相关款项均以银行存款支付。

要求：

（1）编制甲公司2×21年1月1日发行公司债券的会计分录。

（2）计算甲公司2×21年12月31日的票面利息和实际利息，并编制确认利息和支付利息相关会计分录。

（3）计算甲公司2×23年12月31日的票面利息和实际利息，并编制确认利息和支付利息相关会计分录。

（4）计算甲公司2×25年12月31日的票面利息和实际利息，并编制确认利息和支付本息相关会计分录。

2025 年度中级会计资格
《中级会计实务》全真模拟试题（八）

一、单项选择题（本类题共 10 小题，每小题 1.5 分，共 15 分。每小题备选答案中，只有一个符合题意的正确答案。错选、不选均不得分）

1. 下列各项中，属于投资性房地产的是（　　）。
   A. 租入后再转租的建筑物
   B. 按国家有关规定闲置的土地
   C. 以经营租赁方式出租的土地使用权
   D. 以融资租赁方式出租的建筑物

2. 企业将一项以公允价值计量且其变动计入其他综合收益的金融资产重分类为以公允价值计量且其变动计入当期损益的金融资产的，应将之前计入其他综合收益的累计利得或损失转入（　　）。
   A. 投资收益
   B. 公允价值变动损益
   C. 留存收益
   D. 资产处置损益

3. 2×24 年 1 月 1 日，甲公司对销售部制定并实施一项奖金计划。计划规定，销售部本月销售业绩达到 1 000 万元时，公司管理层可将超过 1 000 万元的 10% 的部分作为额外报酬。当月，甲公司销售部业绩为 1 400 万元。不考虑其他因素，甲公司该奖金计划的下列会计处理正确的是（　　）。
   A. 销售费用增加 40 万元
   B. 管理费用增加 40 万元
   C. 营业外支出增加 40 万元
   D. 其他应付款增加 40 万元

4. 2×24 年 12 月，甲公司与乙公司签订一份销售合同，合同约定：甲公司向乙公司销售 L、M、N 三项生产设备，价款总计 1 200 万元。L、M、N 三项生产设备的单独售价分别为 300 万元、700 万元和 500 万元。假设甲公司经常将 M、N 生产设备合并按照 900 万元的价格组合销售，L 设备经常按照 300 万元的价格单独销售。假定不考虑其他因素，上述业务中 M 生产设备分配的交易价格为（　　）万元。
   A. 720
   B. 700
   C. 560
   D. 525

5. 2×24 年 12 月 31 日，甲公司用一项成本模式计量的投资性房地产换入乙公司一项自行研发生产用专利技术。当日，该投资性房地产账面原价 1 000 万元，已计提折旧 600 万元，公允价值无法合理确定；专利权账面原价 640 万元，已计提摊销 160 万元，公允价值 500 万元。甲公司另向乙公司支付补价 80 万元，该项交换具有商业实质。假定不考虑其他因素，该项非货币性资产交换对甲公司 2×24 年损益的影响金额为（　　）万元。

  A. 60   B. 80   C. 20   D. 100

6. 甲公司为贯彻落实政府的节能减排政策，给予 M 环保排污设备 80% 的商业折扣，甲公司少收入的价款由政府补贴。2×24 年 12 月，甲公司实际收到客户支付的货款 800 万元，同时收到政府给予的环保设备补贴款 200 万元，该环保排污设备的账面价值为 750 万元。销售当日该 M 环保排污设备控制权已转移，满足收入确认条件。假定不考虑其他因素，上述经济业务对甲公司 2×24 年度利润表项目影响的表述中，正确的是（　　）。

  A. 增加营业收入 800 万元   B. 增加营业外收入 200 万元

  C. 增加营业成本 750 万元   D. 增加其他收益 200 万元

7. 2×24 年 9 月 1 日，甲公司将购物广场中的一间商铺出租给乙公司，租期 1 年，每月末收取租金 15 万元，前 2 个月免租金。当日，甲公司支付了应由乙公司购买的展示柜费用 6 万元。不考虑其他因素，甲公司 2×24 年应确认的租金收入是（　　）万元。

  A. 24   B. 30   C. 48   D. 50

8. 2×24 年 12 月 31 日，甲公司与乙公司签署一份转让协议，拟在 6 个月之内将其拥有的一项生产用专业设备转让。该设备的原值为 100 万元，已计提折旧 60 万元。经减值测试，2×24 年 12 月 31 日专业设备的可回收金额为 30 万元。该设备满足划分为持有待售类别的其他条件。假定不考虑其他因素，甲公司上述业务影响 2×24 年损益的金额为（　　）万元。

  A. 0   B. −10   C. 30   D. 20

9. 2×24 年 12 月 20 日，甲公司向其子公司乙公司销售商品一批，不含增值税的售价为 2 500 万元，增值税税额为 325 万元，款项已经全部存入银行；该批商品成本 1 800 万元。不考虑其他因素，甲公司在编制 2×24 年度合并现金流量表时，"销售商品、提供劳务收到的现金"项目应抵销的金额为（　　）万元。

  A. 1 800   B. 2 125   C. 2 500   D. 2 825

10. 2×24 年 12 月 31 日，甲公司对一起未决诉讼确认预计负债 500 万元。2×25 年 2 月 25 日，法院判决甲公司应赔偿乙公司 300 万元，双方均不再上诉。甲公司的所得税税率为 25%，按净利润的 10% 提取法定盈余公积，2×24 年度财务报告批准报出日为 2×25 年 3 月 31 日，预计未来期间能够取得足够的应纳税所得额用以抵扣可抵扣暂时性差异。不考虑其他因素，该事项导致甲公司 2×24 年 12 月 31 日资产负债表"未分配利润"项目"期末余额"调整增加的金额为（　　）万元。

  A. 135   B. 150   C. 180   D. 200

二、多项选择题（本类题共 10 小题，每小题 2 分，共 20 分。每小题备选答案中，有两个或两个以上符合题意的正确答案。请至少选择两个答案，全部选对得满分，少选得相应分值，多选、错选、不选均不得分）

1.《会计人员职业道德规范》对新时代会计人员职业道德规范的要求有（   ）。
    A. 坚持诚信，守法奉公
    B. 坚持准则，守责敬业
    C. 坚持底线，守护传统
    D. 坚持学习，守正创新

2. 企业确定无形资产的经济寿命时，应当考虑的因素有（   ）。
    A. 该资产通常的产品生命周期
    B. 特许使用期间
    C. 以该无形资产生产产品的市场需求情况
    D. 维持该无形资产产生未来经济利益的能力预期的维护支出

3. 下列各项资产中，无论是否发生减值迹象，企业均应于每年末进行减值测试的有（   ）。
    A. 非同一控制下企业合并形成的商誉
    B. 采用外币核算的其他债权投资
    C. 尚未达到可使用状态的无形资产
    D. 使用寿命不确定的专利权

4. 甲公司对乙公司的长期股权投资采用权益法核算，乙公司发生的下列各项交易或事项中，将影响甲公司资产负债表长期股权投资项目列报金额的有（   ）。
    A. 取得其他权益工具投资转让收益 30 万元
    B. 收到用于补偿已发生费用的政府补助 50 万元
    C. 其他债权投资公允价值增加 100 万元
    D. 宣告分派现金股利 1 000 万元

5. 2×24 年 1 月 1 日，甲公司的母公司（乙公司）将其持有的 100 万股甲公司普通股，以每股 8 元的价格转让给甲公司的 8 名高管人员；当日，甲公司的该 8 名高管人员向乙公司支付了 800 万元，办理完成股权过户登记手续，甲公司当日股票的市场价格为每股 10 元。根据股份转让协议约定，甲公司的该 8 名高管人员自 2×24 年 1 月 1 日起需在甲公司服务满 3 年，否则乙公司将以每股 8 元的价格向该 8 名高管人员回购其股票。2×24 年 12 月 31 日，甲公司股票的市场价格为每股 12 元。截至 2×24 年 12 月 31 日，甲公司该 8 名高管人员均未离职，预计未来 3 年内也不会有人离职。不考虑其他因素，下列关于甲公司 2×24 年度对上述交易或事项会计处理的表述中，不正确的有（   ）。
    A. 因甲公司不承担结算义务，无须进行会计处理
    B. 甲公司应按 2×24 年 12 月 31 日的股票市场价格确认相关股份支付费用和应付职工薪酬
    C. 甲公司对乙公司转让股份给予其高管人员，应按权益结算的股份支付进行会

计处理

    D. 甲公司应于 2×24 年 1 月 1 日一次性确认全部的股权激励费用，无须在等待期内分期确认

6. 下列情形中，企业应当将符合资本化条件的借款费用停止资本化的有（　　）。

    A. 办公楼的建造实质上已经完成

    B. 购建的生产线，其试生产的结果表明其能够生产出合格产品

    C. 按照合同建造的厂房与建造要求基本相符

    D. 继续发生在购建起重设备上的支出金额几乎不再发生

7. 下列债务重组中，构成权益性交易的有（　　）。

    A. 债权人同意债务人用等值的库存商品抵偿债务

    B. 债权人同意对债务人的债务展期

    C. 债权人通过其他人对债务人持股，且持股方以股东身份进行债务重组

    D. 同一母公司控制下的债权人减免债务人部分本金，且作为债务人接受的权益性投入

8. 某企业对于具有商业实质的以公允价值计量的非货币性资产交换（不涉及补价）的下列会计处理中，正确的有（　　）。

    A. 换出固定资产的，应将公允价值与账面价值间的差额计入营业外收入或营业外支出

    B. 换出投资性房地产的，应按公允价值确认收入，账面价值结转成本

    C. 换出长期股权投资的，应将公允价值与账面价值间的差额计入投资收益

    D. 换出库存商品的，应按公允价值确认收入，账面价值结转成本

9. 甲公司发生的下列交易或事项中，可以产生可抵扣暂时性差异的有（　　）。

    A. 因预提产品质量保证费用而确认的预计负债

    B. 已全额支付的超过税法扣除标准，允许结转以后年度继续扣除的广告费

    C. 用于生产商品的原材料，因可变现净值低于账面价值而计提存货跌价准备

    D. 期末其他权益工具投资的公允价值上升

10. 甲公司 2×24 年 1 月 1 日购入乙公司 80% 股权（非同一控制下控股合并），能够对乙公司的财务和经营政策实施控制。除乙公司外，甲公司无其他子公司，当日乙公司可辨认净资产公允价值为 4 000 万元。2×24 年度，乙公司按照购买日可辨认净资产公允价值为基础计算实现的净利润为 600 万元，分派现金股利 200 万元，无其他所有者权益变动。2×24 年末，甲公司个别财务报表中所有者权益总额为 8 000 万元。下列项目中正确的有（　　）。

    A. 2×24 年度少数股东损益为 120 万元

    B. 2×24 年 12 月 31 日少数股东权益为 880 万元

    C. 2×24 年 12 月 31 日归属于母公司的股东权益为 8 480 万元

    D. 2×24 年 12 月 31 日归属于母公司的股东权益为 8 320 万元

三、判断题（本类题共 10 小题，每小题 1 分，共 10 分。请判断每小题的表述是否正确。每小题答案正确的得 1 分，错答、不答均不得分，也不扣分）

1. 投资者投入存货的成本，一律按照投资合同确定。（　　）

2. 采用权益法核算的长期股权投资因被投资单位有以权益结算的股份支付而按照所持股权比例计算应享有的份额，应记入"资本公积"科目。（　　）

3. 在非同一控制下的企业合并中，企业作为购买方确认的或有对价形成金融负债的，该金融负债应当按照以公允价值计量且其变动计入当期损益进行会计处理。（　　）

4. 即便子公司收到母公司的补助是来自与母公司前期统一代替子公司统一向政府申请，但由于是母公司发放，所以，子公司不应将其确认为政府补助。（　　）

5. 实质上构成对子公司净投资的外币货币项目以母公司或子公司的记账本位币反映的，应在抵销长期应收应付项目的同时，将其产生的汇兑差额转入"投资收益"项目。（　　）

6. 对于不重要的、影响损益的前期差错，企业应将涉及损益的金额直接调整发现差错当期的利润表项目。（　　）

7. 企业在编制合并财务报表时，抵销未实现内部销售损益导致合并资产负债表中资产、负债的账面价值与其在纳入合并范围的企业按照适用税法规定确定的计税基础之间产生暂时性差异的，无须确认递延所得税事项。（　　）

8. 资产负债表日后事项包含资产负债表日至财务报告批准报出日之间发生的有利事项和不利事项。（　　）

9. 对于没有相关凭据且未经资产评估的公共基础设施，行政事业单位应对其采用名义金额计量。（　　）

10. 如果限定性净资产的限制已经完全解除，应当对净资产进行重分类，将限定性净资产转为非限定性净资产，民间非营利组织不用区分限制解除的不同情况，直接将限定性净资产全额转为非限定性净资产即可。（　　）

四、计算分析题（本类题共 2 小题，共 22 分，第 1 小题 10 分，第 2 小题 12 分。凡要求计算的，应列出必要的计算过程；计算结果出现小数的，均保留小数点后两位小数）

1. 甲公司为一家大型制冷设备制造企业，2×24 年发生的部分交易或事项如下：

（1）2×24 年 6 月 11 日，甲公司向乙商场销售柜式空调 4 000 台，每台不含税售价为 0.5 万元。根据以往经验，柜式空调发生的保修费一般为销售额的 1%～2%。甲公司第三季度实际发生维修费 25 万元，其中用银行存款支付 40%，另外 60% 为耗用的原材料。

（2）2×24 年 9 月 1 日，甲公司与丙公司签订一份不可撤销合同。合同约定，甲公司应于 2×24 年 11 月 1 日以每台 18 万元的价格向丙公司提供中央空调 10 台，若不能按期交货，丙公司有权对甲公司处以总价款 20% 的违约金。签订合同时中央空调尚未开始生产，甲公司准备采购原材料时，原材料价格突然上涨，预计生产该中央空调的单位成本变为 19.5 万元。

（3）2×24 年 12 月 1 日，甲公司管理层制订了一项业务重组计划。该业务重组计划的主要内容如下：从 2×25 年 1 月 1 日起为支持政府部门提出的环保高效制冷政策，决定关闭低效制冷产品生产线；从事低效制冷产品生产的员工共计 400 人，除部门主管及技术骨干等 50 人留用转入其他部门外，其他 350 人都将被辞退。根据被辞退员工的职位、工作年限等因素，甲公司将一次性给予被辞退员工不同标准的补偿，补偿支出共计 1 050 万元；低效制冷产品生产线关闭之日，租用的厂房将被腾空，撤销租赁合同并将其移交给出租方，用于低效制冷产品生产的固定资产等将转移至甲公司自己的仓库。上述业务重组计划已于 2×24 年 12 月 5 日经甲公司董事会批准，并于 12 月 6 日对外公告。2×24 年 12 月 31 日，上述业务重组计划尚未实际实施，员工补偿及相关支出尚未支付。为了实施上述业务重组计划，甲公司预计发生以下支出或损失：因辞退员工将支付补偿款 1 050 万元；因撤销厂房租赁合同将支付违约金 75 万元；因将用于 A 产品生产的固定资产等转移至仓库将发生运输费 9 万元；因对留用员工进行培训将发生支出 1 万元；因推广新款绿色高效制冷产品将发生广告费用 5 000 万元。

要求：

（1）根据资料（1），计算甲公司销售柜式空调确认保修费的金额，并编制甲公司销售柜式空调确认保修费和实际发生维修费的相关分录。

（2）根据资料（2），判断甲公司应选择执行合同还是不履行合同支付违约金，以及说明理由，并编制相关会计分录。

（3）根据资料（3），判断哪些金额是与甲公司重组义务有关的直接支出，并计算重组义务应确认的预计负债。

2. 甲公司于 2×23 年 1 月 1 日正式动工建造一幢厂房，预计工期为 2 年。工程采用出包方式建造，与承包方签订的工程合同的总价款为 1 500 万元。为建造厂房，2×23 年 1 月 1 日甲公司专门从乙银行借入专门借款 1 000 万元，借款期限 3 年，年利率为 6%。此外，甲公司为建造厂房还占用两笔一般借款，具体如下：

（1）2×24 年 1 月 1 日，向丙银行借款 300 万元，期限 5 年，年利率为 6%，按年支付利息。

（2）2×24 年 3 月 1 日，发行公司债券 200 万元，期限 5 年，年利率为 8%，按年支付利息。

2×23 年至 2×24 年发生的与厂房建造的有关事项如下：

2×23 年 1 月 1 日，厂房正式动工兴建，当日用银行存款向承包方支付工程进度款 300 万元。

2×23 年 6 月 1 日，用银行存款支付工程进度款 400 万元。

2×23 年 12 月 1 日，用银行存款支付工程进度款 200 万元。

2×24 年 7 月 1 日，用银行存款支付工程进度款 400 万元。

2×24 年 12 月 31 日，工程全部完工，该厂房可投入使用，甲公司支付剩余工程进度款 200 万元。

其他资料：甲公司将闲置专门借款资金用于固定收益债券短期投资，该短期投资月收益率为 0.5%。

要求：

（1）计算甲公司 2×23 年度资本化利息的金额，并编制相关会计分录。

（2）计算甲公司 2×24 年度资本化利息的金额，并编制相关会计分录。

五、综合题（本类题共 2 小题，共 33 分，第 1 小题 15 分，第 2 小题 18 分。凡要求计算的，应列出必要的计算过程；计算结果出现小数的，均保留小数点后两位小数）

1. 甲公司是一家连锁大型超市，其 2×24 年度发生的相关交易或事项如下：

（1）2×24 年 1 月 1 日，甲公司与乙公司签订商业用房租赁合同，向乙公司租入其持有的商业大厦一至三层商业用房用于开立连锁超市。合同约定，该商业用房的租赁期为 10 年，自合同签订之日算起，乙公司有权在租赁期开始日 5 年以后终止租赁，但需向甲公司支付相当于 6 个月租金的违约金；每年租金为 3 000 万元，于每年年初支付；如果甲公司每年商品销售收入达到或超过 100 000 万元，甲公司再支付按当年运营收入的 1% 计算的租金；租赁期到期后，甲公司有权继续按照每年 3 000 万元续租 5 年；租赁结束移交商业用房时，甲公司需将商业用房恢复至最初乙公司交付时的状态。同日，甲公司向乙公司支付第一年租金 3 000 万元。为获得该项租赁，甲公司向房地产中介支付佣金 45 万元。甲公司在租赁期开始时经评估后认为，其可以合理确定将行使续租选择权；预计租赁期结束商业用房恢复最初状态将发生成本 60 万元。甲公司对租入的使用权资产采用年限平均法自租赁期开始日计提折旧，预计净残值为 0。

（2）2×24 年 5 月 1 日，经过 4 个月的场地整理和商场准备，甲公司在租入的乙公司的商业大厦一至三层开设的连锁超市正式对外营业。

甲公司采用两种方式进行经营，第一种是自行销售方式，即甲公司从供应商处采购商品然后销售给顾客；第二种是租赁柜台方式，即甲公司将销售商品的专柜租赁给商户经营，并每月收取固定的费用。在租赁柜台方式下，甲公司与商户签订 3 年的租赁协议，将指定区域的专柜租赁给商户，商户每月月初按照协议约定的固定金额支付租金；商户在专柜内负责销售甲公司指定类别的商品，但具体销售什么商品由商户自己决定；商户销售商品的货款由甲公司收银台负责收取，发票由甲公司负责对外开具，每月月末甲公司与商户核对无误后，将款项金额支付给商户。

甲公司 2×24 年度应向商户收取的租金 800 万元已全部收到；甲公司通过自行销售方式销售商品 111 000 万元，相应的商品成本 93 000 万元。

其他有关资料：甲公司无法确定租赁内含利率，其增量借款利率为 6%；年金现值系数：（P/A，6%，15）＝9.7122，（P/A，6%，14）＝9.2950，（P/A，6%，10）＝7.3601，（P/A，6%，9）＝6.8017；复利现值系数：（P/F，6%，15）＝0.4173，（P/F，6%，14）＝0.4423，（P/F，6%，10）＝0.5584，（P/F，6%，9）＝0.5919；本题不考虑税费及其他因素。

要求：

（1）根据资料（1），判断甲公司租入商业大厦一至三层商业用房的租赁期，并说明理由。

（2）根据资料（1），计算甲公司的租赁付款额及租赁负债的初始入账金额。

（3）根据资料（1），计算甲公司使用权资产的成本，并编制相关会计分录。

（4）根据资料（2），判断甲公司转租柜台是否构成一项租赁，并说明理由。

（5）根据资料（2），判断甲公司转租柜台是经营租赁还是融资租赁，并说明理由。

（6）根据资料（2），说明可变租赁付款额的核算原则，并编制甲公司 2×24 年支付可变租赁付款额的会计分录。

（7）根据资料（2），编制甲公司 2×24 年度租赁柜台方式下确认收入的会计分录。

2. 2×24~2×25 年，甲公司对乙公司进行股权投资的相关交易或事项如下：

资料一：2×24 年 1 月 1 日，甲公司以银行存款 2 300 万元从非关联方处取得乙公司 70% 的有表决权的股份，能够对乙公司实施控制，当日，各项可辨认净资产账面价值为 3 000 万元，各项可辨认资产、负债公允价值与其账面价值均相同。本次投资前，甲公司不持有乙公司股份且与乙公司不存在关联方关系。甲公司与乙公司的会计政策、会计期间均相同。

资料二：2×24 年 3 月 10 日，乙公司宣告分派现金股利 300 万元。2×24 年 4 月 1 日，甲公司按其持有的比例收到乙公司发放的现金股利并存入银行。

资料三：2×24 年 4 月 10 日，乙公司将其成本为 45 万元的 A 产品以 60 万元的价格销售给甲公司，款项已收存银行，甲公司将购入的 A 产品作为存货进行核算。2×24 年 12 月 31 日，甲公司该批 A 产品的 80% 已对外销售。

资料四：2×24 年度乙公司实现净利润 500 万元。

资料五：2×25 年 3 月 1 日，甲公司将所持乙公司股份全部对外出售给非关联方，所得价款 2 600 万元存入银行。甲公司以甲、乙公司个别报表为基础编制合并财务报表，不需要编制与合并现金流量表相关的抵销分录。

本题不考虑增值税、企业所得税等相关税费及其他因素。

要求：

（1）编制甲公司 2×24 年 1 月 1 日取得乙公司 70% 股权时的会计分录，并计算购买日的商誉。

（2）编制甲公司 2×24 年 3 月 10 日在乙公司宣告分配现金股利时和 2×24 年 4 月 1 日收到现金股利时的相关会计分录。

（3）编制甲公司 2×24 年 12 月 31 日与存货内部交易相关的抵销分录。

（4）分别计算甲公司 2×24 年 12 月 31 日合并资产负债表中少数股东权益的金额与 2×24 年度合并利润表中少数股东损益的金额。

（5）编制 2×25 年 3 月 1 日甲公司出售乙公司股份的相关会计分录。

2025 年度中级会计资格
《中级会计实务》全真模拟试题（一）
答案速查、参考答案及解析

答案速查

一、单项选择题

1. B	2. A	3. C	4. C	5. B
6. B	7. C	8. B	9. A	10. A

二、多项选择题

1. ABC	2. ABCD	3. ABD	4. BC	5. AB
6. AC	7. ABC	8. ABC	9. CD	10. AD

三、判断题

1. √	2. √	3. √	4. ×	5. √
6. ×	7. ×	8. ×	9. √	10. ×

参考答案及解析

一、单项选择题

1. 【答案】B

【解析】本题考查长期股权投资的处置。企业通过多次交易分步处置对子公司股权投资直至丧失控制权，如果上述交易属于"一揽子"交易的，应当将各项交易作为一项处置子公司股权投资并丧失控制权的交易进行会计处理；但是，在丧失控制权之前每一次处置价款与所处置的股权对应的长期股权投资账面价值之间的差额，在个别财务报表中,应当先确认为其他综合收益,到丧失控制权时再一并转入丧失控制权的当期损益。

2.【答案】A

【解析】本题考查短期带薪缺勤的确认和计量——非累计带薪缺勤。我国企业职工休婚假产假、丧假、探亲假、病假期间的工资通常属于非累积带薪缺勤。由于职工提供服务不能增加其能够享受的福利金额,企业在职工未缺勤时不应当计提相关费用和负债;企业应当在职工实际发生缺勤的会计期间确认与非累积带薪缺勤相关的职工薪酬,即视同职工出勤确认的当期费用或相关资产成本。所以,该业务影响甲公司 2×24 年 9 月营业利润的金额 $= 9\ 000/22.5 \times (22.5 - 5 + 3) = 8\ 200$(元)。因此,选项 A 正确。

3.【答案】C

【解析】本题考查借款费用资本化期间的确定——借款费用开始资本化的时点。借款费用允许开始资本化必须同时满足以下三个条件:

(1)资产支出已经发生。

(2)借款费用已经发生。

(3)为使资产达到预定可使用或者可销售状态所必要的构建或者生产活动已经开始。

本题中,借款费用开始资本化的三个条件全部满足是发生在 2×24 年 5 月 25 日,所以当日为开始资本化时点,选项 C 正确。

4.【答案】C

【解析】本题考查或有事项的计量——预期可获得补偿的处理。根据资产和负债不能随意抵销的原则,预期可获得的补偿在基本确定能够收到时应当单独确认为一项资产,而不能作为预计负债金额的扣减。甲公司 2×24 年 12 月 31 日该未决诉讼应确认预计负债的金额 $= (80 + 120)/2 + 10 = 110$(万元)。因此,选项 C 正确。

5.【答案】B

【解析】本题考查债权人的会计处理——修改其他条款。债务重组采用修改其他条款方式进行的,如果修改其他条款导致全部债权终止确认,债权人应当按照修改后的条款以公允价值初始计量重组债权,借记"应收账款"等科目,转销债权账面价值,借记"坏账准备"等科目,贷记"应收账款"等科目,重组债权的确认金额与债权终止确认日账面价值之间的差额,借记或贷记"投资收益"科目。因此,选项 B 正确。

6.【答案】B

【解析】本题考查非货币性资产交换的会计处理——以账面价值为基础计量的非货币性资产交换的会计处理。

(1)非货币性资产交换不具有商业实质,或者虽然具有商业实质但换入资产和换出资产的公允价值均不能可靠计量的,企业应当以换出资产的账面价值和应支付的相关税费作为换入资产的初始计量金额;无论是否支付补价,在终止确认换出资产时均不确认损益,选项 C、D 错误。

(2)甲公司换入的专利技术的入账价值 $= 500 - 140 + 40 = 400$(万元),选项 A 错误。

(3)乙公司换入的生产线的入账价值 $= 420 - 20 - 60 = 340$(万元),选项 B 正确。

7.【答案】C

【解析】本题考查债务重组的定义。在此项交易中，如果甲公司不以股东身份而是以市场交易者身份参与交易，在乙公司具有足够偿债能力的情况下不会免除其部分本金。因此，此交易应定性为权益性交易，不确认债务重组相关损益，选项 C 正确。

8.【答案】B

【解析】本题考查当期所得税。甲公司 2×24 年度应纳税所得额 = 500 – 25 + 10 + (50 – 30) = 505（万元），选项 B 正确。

9.【答案】A

【解析】本题考查租赁的分拆。合同中同时包含租赁和非租赁部分的，承租人和出租人应当将租赁和非租赁部分进行分拆。分拆时，各租赁部分应当分别按照租赁准则进行会计处理，非租赁部分应当按照其他适用的企业会计准则进行会计处理，选项 A 正确。

10.【答案】A

【解析】本题考查编制合并资产负债表时应进行抵销处理的项目——存货价值中包含的未实现内部销售损益的抵销处理。甲公司在编制 2×24 年 12 月 31 日合并资产负债表时，"存货"项目应抵销的金额 = (3 000 – 2 200) × 20% = 160（万元），选项 A 正确。

会计分录如下：

借：营业收入　　　　　　　　　　　　　　　　3 000

　　贷：营业成本　　　　　　　　　　　　　　　　　2 840

　　　　存货　　　　　　　　　　　　　　　　　　　　160

二、多项选择题

1.【答案】ABC

【解析】本题考查存货期末计量方法——可变现净值的确定。企业确定存货的可变现净值时应当考虑的因素有：（1）存货可变现净值的确凿证据；（2）持有存货的目的；（3）资产负债表日后事项等的影响。因此，选项 A、B、C 正确。

2.【答案】ABCD

【解析】本题考查存货初始计量——进一步加工而取得存货。自行生产的存货的初始成本包括投入的原材料或半成品、直接人工和按照一定方法分配的制造费用。制造费用是指企业为生产产品和提供劳务而发生的各项间接费用，包括企业生产部门（如生产车间）管理人员的薪酬、折旧费、办公费、水电费、机物料消耗、劳动保护费、季节性和修理期间的停工损失等，选项 A、B、D 正确；生产过程中为达到下一个生产阶段所必需的仓储费用，也应计入存货成本，选项 C 正确。

3.【答案】ABD

【解析】本题考查固定资产的折旧方法。年数总和法，又称年限合计法，是指将固定资产的原价减去预计净残值后的余额，乘以一个以固定资产尚可使用寿命为分子，以预计使用寿命逐年数字之和为分母的逐年递减的分数计算每年的折旧额的折旧计提方法，选项 C 错误。

4.【答案】BC

【解析】本题考查概念及合营安排的认定。判断集体控制时，需要注意以下几点：

（1）集体控制不是单独一方的控制。选项 A、D 错误。

（2）尽管所有参与方联合起来一定能够控制该安排，但在集体控制下，集体控制该安排的组合指的是那些既能联合起来控制该安排，又使得参与方数量最少的一个或几个参与方组合。因此，选项 B 正确。

（3）能够集体控制一项安排的参与方组合很可能不止一个时，该安排要成为合营安排，需要在相关约定中指明哪些参与方一致同意才能对相关活动作出决策。本题题干中指出，"当能够进行集体控制的参与方组合不止一个时，其组合中的参与方必须由甲公司和丁公司作出一致同意意见时方能形成共同控制"，所以组合中必须有甲公司和丁公司，因此，选项 C 正确。

5.【答案】AB

【解析】本题考查资产预计未来现金流量现值的确定——资产未来现金流量的预计。预计资产未来现金流量不应当包括筹资活动和所得税收付产生的现金流量。因此，选项 A、B 正确。

6.【答案】AC

【解析】本题考查金融资产分类——不同类金融资产之间的重分类。不得重分类的金融资产有：交易性金融资产（股票投资）、其他权益工具投资。因此，选项 A、C 正确。

7.【答案】ABC

【解析】本题考查外币交易的会计处理。

（1）应收账款和银行存款的外币汇兑差额，计入财务费用，选项 A、B 正确。

（2）交易性金融资产的外币汇兑差额，计入公允价值变动损益，选项 C 正确。

（3）其他权益工具投资的外币汇兑差额，计入其他综合收益，选项 D 错误。

8.【答案】ABC

【解析】本题考查合并利润表——编制合并利润表时应进行抵销处理的项目。抵销营业收入 1 000 万元，营业成本 800 万元，抵销管理费用 = $200/10 \times 3/12 = 5$（万元），抵销固定资产 = $200 - 5 = 195$（万元），调增递延所得税资产 = $(200 - 5) \times 25\% = 48.75$（万元）。

9.【答案】CD

【解析】本题考查会计政策的概念。

（1）会计原则包括一般原则和特定原则。会计政策所指的会计原则是指某一类会计业务的核算所应遵循的特定原则，而不是笼统地指所有的会计原则。例如，借款费用是费用化还是资本化，即属于特定会计原则。可靠性、相关性、实质重于形式等属于会计信息质量要求，是为了满足会计信息质量要求而制定的原则，是统一的、不可选择的，不属于特定原则。选项 A 错误。

（2）会计基础包括会计确认基础和会计计量基础。可供选择的会计确认基础包括权责发生制和收付实现制。会计计量基础主要包括历史成本、重置成本、可变现净值、现值和公允价值等。由于我国企业应当采用权责发生制作为会计确认基础，不具备选择性，所以会计政策所指的会计基础，主要是会计计量基础（即计量属性）。选项 B 错误，选项 C 正确。

（3）具体会计处理方法，是指企业根据国家统一的会计准则制度允许选择的、对某一类会计业务的具体处理方法作出的具体选择。例如，《企业会计准则第 1 号——存货》允许企业在先进先出法、加权平均法和个别计价法之间对发出存货实际成本的确定方法作出选择，这些方法就是具体会计处理方法，选项 D 正确。

10.【答案】AD

【解析】本题考查日后调整事项中有关债务担保的会计处理。本题中，乙公司财务状况恶化的情况于资产负债表日已经存在，在日后期间提供了进一步证据，因此甲公司为其承担债务担保属于日后调整事项。2×24 年，甲公司调整后应确认的营业外支出（不影响营业利润仅影响利润总额）和预计负债金额均为 800 万元，选项 A 正确，选项 B 错误；由于税法不允许扣除企业为其他方提供债务担保导致的损失，属于永久性差异而非暂时性差异，不确认递延所得税资产，选项 C 错误；甲公司 2×24 年应纳税所得额 = 会计利润 + 纳税调增项 − 纳税调减项 = 7 800 + 200 = 8 000（万元），应确认应交所得税的金额 = 8 000 × 25% = 2 000（万元），选项 D 正确。

三、判断题

1.【答案】√

【解析】本题考查固定资产折旧。企业应当根据与固定资产有关的经济利益的预期消耗方式，合理选择折旧方法。

2.【答案】√

【解析】本题考查无形资产的初始计量——投资者投入。投资者投入无形资产的成本，应当按照投资合同或协议约定的价值确定，但合同或协议约定价值不公允的，应按照无形资产的公允价值入账。此外，为取得无形资产所发生的相关税费以及为使无形资产达到预定可使用状态的相关费用，也应计入无形资产的成本中。

3.【答案】√

【解析】本题考查长期股权投资的后续计量——成本法。成本法核算的长期股权投资，被投资单位宣告分派现金股利或利润的，投资方根据应享有的部分确认当期投资收益。

4.【答案】×

【解析】本题考查股份支付的会计处理。除立即可行权外，现金结算的股份支付以及权益结算的股份支付在授予日均不作账务处理。

5.【答案】√

【解析】本题考查将交易价格分摊至各单项履约义务——分摊可变对价。对于已履行的履约义务，其分摊的可变对价后续变动额应当调整变动当期的收入。因此，本题的说法是正确的。

6.【答案】×

【解析】本题考查政府补助的分类。与收益相关的政府补助，是指除与资产相关的政府补助之外的政府补助。此类补助主要是用于补偿企业已发生或即将发生的相关成本费用或损失，受益期相对较短，通常在满足补助所附条件时计入当期损益或冲减相关成本。

7.【答案】×

【解析】本题考查外币专门借款汇兑差额资本化金额的确定。在资本化期间内，外币专门借款本金及利息的汇兑差额应当予以资本化，计入符合资本化条件的资产的成本；除外币专门借款之外的其他外币借款及其利息所产生的汇兑差额，应当作为财务费用计入当期损益。

8.【答案】×

【解析】本题考查终止经营的列报。终止经营的相关损益应当作为终止经营损益列报，列报的终止经营损益应当包含整个报告期间，而不仅包含认定为终止经营后的报告期间。

9.【答案】√

【解析】本题考查合并现金流量表——报告期内增加或处置子公司以及业务。母公司在报告期内因同一控制下企业合并增加的子公司以及业务，应当将该子公司以及业务合并当期期初至报告期末的现金流量纳入合并现金流量表，同时应当对比较报表的相关项目进行调整，视同合并后的报告主体自最终控制方开始控制时点起一直存在。因非同一控制下企业合并增加的子公司以及业务，应当将该子公司购买日至报告期末的现金流量纳入合并现金流量表。

10.【答案】×

【解析】本题考查政府单位取得资产的会计处理。无偿调入的资产，其成本按照调出方账面价值加上相关税费等确定。单位对于无偿调入的资产，应当按照无偿调入资产的成本减去相关税费后的金额计入无偿调拨净资产。

四、计算分析题

1.【答案】

（1）2×22年4月17日甲公司取得环保设备：

借：在建工程		1 500
贷：银行存款		1 500

安装设备：

借：在建工程		350
贷：原材料		100
库存商品		180
应付职工薪酬		70

环保设备达到预计可使用状态：

借：固定资产　　　　　　　　　　　　　　　　　　1 850

　　　贷：在建工程　　　　　　　　　　　　　　　　　　1 850

（2）2×23 年甲公司该环保设备计提的折旧额 =（1 850 − 50）× 5/15 × 8/12 +（1 850 − 50）× 4/15 × 4/12 = 400 + 160 = 560（万元）

（3）借：在建工程　　　　　　　　　　　　　　　　　1 090

　　　　累计折旧　　　　　　　　　　　　　　　　　　760

　　　　　贷：固定资产　　　　　　　　　　　　　　　　1 850

借：在建工程　　　　　　　　　　　　　　　　　　　210

　　　贷：工程物资　　　　　　　　　　　　　　　　　　200

　　　　应付职工薪酬　　　　　　　　　　　　　　　　　10

借：营业外支出　　　　　　　　　　　　　　　　　　50

　　　贷：在建工程　　　　　　　　　　　　　　　　　　50

借：固定资产　　　　　　　　　　　　　　　　　　1 250

　　　贷：在建工程　　　　　　　　　　　　　　　　　1 250

（4）出售前累计计提的折旧额 =（1 250 − 50）× 4/10 × 6/12 = 240（万元）

出售环保设备影响损益的金额 =（960 − 10）−（1 250 − 240）= − 60（万元）

出售时会计分录：

借：固定资产清理　　　　　　　　　　　　　　　　1 010

　　　累计折旧　　　　　　　　　　　　　　　　　　240

　　　　贷：固定资产　　　　　　　　　　　　　　　　1 250

借：固定资产清理　　　　　　　　　　　　　　　　　10

　　　贷：银行存款　　　　　　　　　　　　　　　　　　10

借：银行存款　　　　　　　　　　　　　　　　　　960

　　　贷：固定资产清理　　　　　　　　　　　　　　　960

借：资产处置损益　　　　　　　　　　　　　　　　　60

　　　贷：固定资产清理　　　　　　　　　　　　　　　　60

2.【答案】

（1）会计分录：

借：制造费用　　　　　　　　　　　　　　　　　　　2

　　　贷：累计折旧　　　　　　　　　　　　　　　　　　　2

借：资产减值损失　　　　　　　　　　　　　　　　　4

　　　贷：固定资产减值准备　　　　　　　　　　　　　　　4

（2）会计分录：

借：持有待售资产　　　　　　　　　　　　　　　　　80

　　　累计折旧　　　　　　　　　　　　　　　　　　36

　　　固定资产减值准备　　　　　　　　　　　　　　　4

贷：固定资产	120
借：资产减值损失	5
贷：持有待售资产减值准备	5

（3）甲公司 2×24 年 5 月 1 日取得丙公司股权投资的初始入账价值 = 1 600 − 12 = 1 588（万元）

会计分录：

借：持有待售资产	1 588
资产减值损失	12
贷：银行存款	1 600

（4）2×24 年 6 月 30 日，A 生产设备的公允价值减去出售费用后的净额为 81 万元，大于账面价值 75 万元。但是，在该设备转为持有待售类别之前确认的资产减值损失不得转回。所以，该设备应转回的资产减值损失金额为 5 万元。

会计分录：

借：持有待售资产减值准备	5
贷：资产减值损失	5

2×24 年 6 月 30 日，丙公司股权的公允价值减去出售费用后的净额为 1 599 万元，账面价值为 1 588 万元，以两者孰低计量，甲公司不需要进行账务处理。

（5）甲公司 2×24 年 7 月 19 日出售丙公司股权应确认的损益金额 = 1 607 − 1 588 − 5 = 14（万元）

会计分录：

借：投资收益	5
贷：银行存款	5
借：银行存款	1 607
贷：持有待售资产	1 588
投资收益	19

五、综合题

1.【答案】

（1）构成单项履约义务。理由：本题中，购买 A 产品的顾客能够取得 70% 的折扣券，其远高于所有顾客均能够享受的 10% 的折扣。因此，应当认为甲公司该折扣券向顾客提供了重大权利，应构成一项单项履约义务。

（2）折扣券的单独售价 = 650 × 60% × (70% − 10%) = 234（元）

甲公司应按照 A 产品和折扣券的单独售价的相对比例对交易价格进行分摊：

A 产品应分摊的交易价格 = 666 × 666 / (666 + 234) = 492.84（元）

折扣券选择权分摊的交易价格 = 666 × 234 / (666 + 234) = 173.16（元）

会计分录：

借：银行存款	666

  贷：主营业务收入   492.84

    合同负债   173.16

  （3）甲公司预期将有权获得与客户未行使的合同权利相关的金额为 50 万元，该金额应当按照客户行使合同权利的模式按比例确认为收入。

  理由：企业预期将有权获得与客户所放弃的合同权利相关的金额的，应当按照客户行使合同权利的模式按比例将上述金额确认为收入；否则，企业只有在客户要求其履行剩余履约义务的可能性极低时，才能将相关负债余额转为收入。

  （4）销售储值卡：

  借：库存现金   10 000 000

    贷：合同负债   8 849 600

      应交税费——待转销项税额   1 150 400

  根据储值卡的消费金额确认收入，同时将对应的待转销项税额确认为销项税额：

  借：合同负债   7 452 294.74

    应交税费——待转销项税额   920 353.98

    贷：主营业务收入   7 452 294.74

      应交税费——应交增值税（销项税额）   920 353.98

2.【答案】

（1）合并商誉 = 672 – （1 030 + 25）× 60% = 39（万元）

  少数股东权益 = （1 030 + 25）× 40% = 422（万元）

（2）会计分录：

  借：存货   25

    贷：资本公积   25

  借：营业成本   （25 × 80%）20

    贷：存货   20

（3）会计分录：

  借：应付账款   580

    贷：应收账款   580

  借：应收账款   30

    贷：信用减值损失   30

（4）会计分录：

  借：长期股权投资   [（390 – 20）× 60%] 222

    贷：投资收益   222

  借：投资收益   （150 × 60%）90

    贷：长期股权投资   90

  借：股本   600

    资本公积   （125 + 25）150

    其他综合收益   20

　　　　盈余公积　　　　　　　　　　　　　　　　（150＋39）189

　　　　未分配利润——年末　　　　　　　　（135＋390－20－39－150）316

　　　　商誉　　　　　　　　　　　　　　　　　　　　　　39

　　　　贷：长期股权投资　　　　　　　　　　　（672＋222－90）804

　　　　　　少数股东权益　　　　　　［（600＋150＋20＋189＋316）×40%］510

　　借：投资收益　　　　　　　　　　　　　　［（390－20）×60%］222

　　　　少数股东损益　　　　　　　　　　　　［（390－20）×40%］148

　　　　未分配利润——年初　　　　　　　　　　　　　　　135

　　　　贷：提取盈余公积　　　　　　　　　　　　（390×10%）39

　　　　　　对所有者（或股东）的分配　　　　　　　　　　150

　　　　　　未分配利润——年末　　　　　　　　　　　　　316

（5）会计分录：

借：应付账款　　　　　　　　　　　　　　　　　570

　　贷：应收账款　　　　　　　　　　　　　　　　　　570

借：应收账款　　　　　　　　　　　　　　　　　30

　　贷：未分配利润——年初　　　　　　　　　　　　　30

借：应收账款　　　　　　　　　　　　　　　　　15

　　贷：信用减值损失　　　　　　　　　　　　　（45－30）15

2025 年度中级会计资格
《中级会计实务》全真模拟试题（二）
答案速查、参考答案及解析

答案速查

一、单项选择题

1. B	2. A	3. B	4. C	5. A
6. C	7. B	8. B	9. C	10. A

二、多项选择题

1. BD	2. ABD	3. ABD	4. ABC	5. ABD
6. ABC	7. ABD	8. ABC	9. AC	10. CD

三、判断题

1. √	2. √	3. √	4. ×	5. √
6. ×	7. ×	8. √	9. ×	10. ×

参考答案及解析

一、单项选择题

1. 【答案】B

【解析】本题考查会计信息的质量要求——可理解性。可理解性要求会计信息应当使用明确、贴切的语言和简明扼要、通俗易懂的文字，数据记录和文字说明应能一目了然地反映出交易或事项的来龙去脉，对于性质和功能不同的项目应当分项列示，对于性质和功能相同的项目应当合并列示，不仅对合并列示的项目，即使对于分项列示也应根据需要加以附注说明。对于交易或事项本身较为复杂或者会计处理较为复杂的信息，对使用者的经济决策相关的，企业应当在财务会计报告中予以充分披露。不得含有含糊其词、夸大或者缩小等性质的词句，不得有误导性陈述。例如，对于财务会计报表中计提减值准备的资产项目，在财务会计报表的正表中采用净额列示的，应在附注中说明相应已计提减值准备的金额；财务会计报表中汇总合并列报的项目，如资产负债表中货币资金、存货等项目，应在附注中逐项列示并说明明细核算信息。因此，选项 B 正确。

2.【答案】A

【解析】本题考查存货初始计量——进一步加工而取得的存货。甲企业收回该应税消费品的入账价值 = 200 + 70 = 270（万元）。因此，选项 A 正确。

3.【答案】B

【解析】本题考查长期股权投资核算方法的转换——公允价值计量转权益法核算。甲公司股权投资业务对 2×24 年损益的影响金额 = 16 800 × 25% – 1 680 – 2 500 = 20（万元），选项 B 正确。

会计分录：

借：长期股权投资——成本   4 180

  贷：其他权益工具投资——成本   1 600

    银行存款   2 500

    盈余公积——法定盈余公积   8

    利润分配——未分配利润   72

借：长期股权投资——成本   20

  贷：营业外收入   20

4.【答案】C

【解析】本题考查资产减值损失的确定及账务处理。资产的可收回金额，应当根据资产的公允价值减去处置费用后的净额与资产预计未来现金流量现值两者之间较高者确定。

（1）资产的公允价值减去处置费用后的净额 = 600 – 40 = 560（万元）

（2）预计未来现金流量现值 = 550 万元

因为资产的公允价值减去处置费用后的净额高于预计未来现金流量现值，所以，应按照资产的公允价值减去处置费用后的净额（即 560 万元）作为资产的可收回金额。

2×24 年 3 月 31 日应确认该固定资产减值损失的金额 = 625 – 560 = 65（万元），选项 C 正确。

5.【答案】A

【解析】本题考查或有事项会计处理原则的应用——未决诉讼及未决仲裁。对于乙公司的经济补偿，由于是很可能收回，而非基本确定能够收回，所以不应确认为资产。甲公司因该未决诉讼应确认的损失 = (100 + 120)/2 = 110（万元），选项 A 正确。

6. 【答案】C

【解析】本题考查债务人的会计处理——债务人以资产清偿债务。甲公司应确认的债务重组损益金额 = 800 - (950 - 300) - 700 × 9% = 87（万元）。因此，选项 C 正确。

7. 【答案】B

【解析】本题考查与收益相关的政府补助。

（1）与收益相关的政府补助如果用于补偿企业已发生的相关成本费用或损失，企业应当将其直接计入当期损益或冲减相关成本费用。因此，选项 A、C 错误。

（2）即征即退的增值税款计入其他收益。因此，选项 D 错误。

8. 【答案】B

【解析】本题考查合并现金流量表——编制合并现金流量表时应进行抵销处理的项目。"销售商品、提供劳务收到的现金"项目应抵销的金额 = 1 000 + 130 = 1 130（万元），选项 B 正确。

9. 【答案】C

【解析】本题考查会计估计变更的概念。会计估计变更是指由于资产和负债的当前状况及预计经济利益和义务发生了变化，从而对资产或负债的账面价值或者资产的定期消耗金额进行调整。选项 A、B、D 属于会计估计变更。

10. 【答案】A

【解析】本题考查捐赠收入。接受的捐赠，如果由于捐赠方或法律法规限制等民间非营利组织之外的原因存在需要偿还全部或部分捐赠资产或者相应金额的现时义务时，按照需要偿还的金额，借记"捐赠收入——限定性收入"，贷记"其他应付款"等科目；如果由于民间非营利组织自身原因存在需要偿还全部或部分捐赠资产或者相应金额的现时义务时，按照需要偿还的金额，借记"管理费用"科目，贷记"其他应付款"等科目。故选项 A 正确。

二、多项选择题

1. 【答案】BD

【解析】本题考查投资性房地产的范围。属于投资性房地产的项目有：（1）已出租的土地使用权；（2）持有并准备增值后转让的土地使用权（选项 D 正确）；（3）已出租的建筑物（选项 B 正确）。

【注意】投资性房地产包括已出租的建筑物，该建筑物是指企业拥有产权的、以经营租赁方式出租的建筑物；包括以经营租赁方式出租的土地使用权；包括持有并准备增值后转让的土地使用权。融资租赁出去的固定资产不属于投资性房地产，它属于承租方的固定资产。

2. 【答案】ABD

【解析】本题考查资产预计未来现金流量现值的确定。预计资产未来现金流量的现值，需要综合考虑资产的预计未来现金流量、资产的使用寿命和折现率三个因素。因此，选项 A、B、D 正确。

3. 【答案】ABD

【解析】本题考查的是企业集团内涉及不同企业的股份支付交易的会计处理。结算企业是接受服务企业的投资者且以其本身权益工具结算的，应当按照授予日权益工具的公允价值或应承担负债的公允价值确认为对接受服务企业的长期股权投资，同时确认资本公积（其他资本公积），选项 C 错误。

4. 【答案】ABC

【解析】本题考查非货币性资产交换的确认和计量原则。非货币性资产交换同时满足下列条件的，应当以公允价值为基础计量：

（1）该项交换具有商业实质；

（2）换入资产或换出资产的公允价值能够可靠地计量。

选项 A、B、C 正确。

5. 【答案】ABD

【解析】本题考查负债的计税基础——预计负债、合同负债、其他负债。企业因销售商品提供售后服务在当期确认的预计负债 450 万元，税法规定，有关产品售后服务等与取得经营收入直接相关的费用于实际发生时允许税前列支，因此企业因销售商品提供售后服务等原因确认的预计负债，会使预计负债账面价值大于计税基础，选项 C 错误。

6. 【答案】ABC

【解析】本题考查外币交易的会计处理——接受外币资本投资的核算。企业收到投资者以外币投入的资本，应当采用交易发生日的即期汇率折算，选项 A、B、C 正确。

会计分录如下：

2×24 年 10 月 10 日：

借：银行存款——英镑　　　　　　　　　　　　　　　　　　　　4 230

　　贷：实收资本　　　　　　　　　　　　　　　　　　　　　　　　　4 200

　　　　资本公积——资本溢价　　　　　　　　　　　　　　　　　　　　30

【提示】企业收到投资者以外币投入的资本，无论是否有合同约定的汇率，均不得采用合同约定汇率和即期汇率的近似汇率折算，而应当采用交易发生日的即期汇率折算，因此不产生外币资本折算差额。

7. 【答案】ABD

【解析】本题考查出租人对融资租赁的会计处理。租赁收款额，是指出租人因让渡在租赁期内使用租赁资产的权利而应向承租人收取的款项。包括：

（1）承租人需支付的固定付款额及实质固定付款额。存在租赁激励的，应当扣除租赁激励相关金额。

（2）取决于指数或比率的可变租赁付款额。

（3）购买选择权的行权价格，前提是合理确定承租人将行使该选择权。

（4）承租人行使终止租赁选择权需支付的款项前提是租赁期反映出承租人将行使终止租赁选择权。

（5）由承租人、与承租人有关的一方以及有经济能力履行担保义务的独立第三方向出租人提供的担保余值。

因此，选项 A、B、D 正确。

8.【答案】ABC

【解析】本题考查持有待售类别的计量——划分为持有待售类别后的计量。

（1）企业初始计量或在资产负债表日重新计量持有待售的非流动资产或处置组时，其账面价值高于公允价值减去出售费用后的净额的，应当将账面价值减记至公允价值减去出售费用后的净额，减记的金额确认为资产减值损失，计入当期损益，同时计提持有待售资产减值准备。

2×24 年 11 月 30 日，甲公司与乙公司签订合同时，固定资产账面价值 = 600 – 385 = 215（万元）。

2×24 年 11 月 30 日，甲公司与乙公司签订合同时，公允价值减去出售费用后的净额 = 200 – 10 = 190（万元）。

因为固定资产账面价值大于公允价值减去出售费用后的净额，所以应将固定资产的账面价值减记至公允价值减去出售费用后的净额，减记的金额确认为资产减值损失，同时计提持有待售资产减值准备。应确认的减值损失金额 = 215 – 190 = 25（万元），选项 C 正确。

（2）持有待售的非流动资产不应计提折旧，所以，2×24 年全年计提折旧额 = 11 × 5 = 55（万元），选项 B 正确。

（3）2×24 年末，该资产尚未出售，应按照账面价值 190 万元列入资产负债表的"持有待售资产"项目，选项 D 错误，选项 A 正确。

9.【答案】AC

【解析】本题考查合并利润表——编制合并利润表时应进行抵销处理的项目（内部投资收益和利息费用的抵销处理）。母公司向子公司出售资产（顺流交易）所发生的未实现内部交易损益，应当全额抵销"归属于母公司所有者的净利润"，选项 B、D 错误；子公司向母公司出售资产（逆流交易）所发生的未实现内部交易损益，应当按照母公司对该子公司的分配比例在"归属于母公司所有者的净利润"和"少数股东损益"之间分配抵销，选项 A、C 正确。

10.【答案】CD

【解析】本题考查行政事业单位特定业务的会计核算——资产业务。

（1）长期股权投资在取得时，应当按照实际成本作为初始投资成本，本题中甲科研事业单位以价值 1 500 万元的无形资产出资取得乙公司 30% 有表决权的股份，故初始长期股权投资的初始投资成本为 1 500 万元，选项 A 错误。

（2）2×23 年度乙公司实现净利润 900 万元（假设乙公司各月实现均衡），但甲科研事业单位于 2×23 年 9 月 1 日取得乙公司股权，故 2×23 年度应确认投资收益 = 900 × 4 ÷ 12 × 30% = 90（万元），选项 B 错误。

三、判断题

1. 【答案】√

【解析】本题考查存货的初始计量。投资者投入存货的成本，在投资合同或协议约定价值不公允的情况下，按照该项存货的公允价值作为入账价值，存货的公允价值与投资合同或协议约定的价值之间的差额计入资本公积。

2. 【答案】√

【解析】本题考查固定资产使用寿命、预计净残值和折旧方法的复核。《企业会计准则第 4 号——固定资产》规定，企业至少应当于每年年度终了，对固定资产的使用寿命、预计净残值和折旧方法进行复核。

3. 【答案】√

【解析】本题考查研究阶段与开发阶段的区分。企业自行进行研究开发无形资产时，因研究阶段基本上是探索性的，是为进一步的开发活动进行资料及相关方面的准备，已经进行的研究活动将来是否会转入开发、开发后是否会形成无形资产等均具有较大的不确定性，所以在这一阶段一般不会形成阶段性成果。

4. 【答案】×

【解析】本题考查资产减值的概念及范围。递延所得税资产的减值，应适用《企业会计准则第 18 号——所得税》的规定进行会计处理。

5. 【答案】√

【解析】本题考查对共同经营不享有共同控制的参与方的会计处理原则。对共同经营不享有共同控制的参与方（即非合营方），如果享有该共同经营相关资产且承担共同经营相关负债的，比照合营方进行会计处理。

6. 【答案】×

【解析】本题考查外币专门借款汇兑差额资本化金额的确定。在资本化期间内，外币专门借款本金及其利息的汇兑差额应当予以资本化，计入符合资本化条件的资产的成本；除外币专门借款之外的其他外币借款本金及其利息所产生的汇兑差额，应当作为财务费用计入当期损益。因此，本题的说法是错误的。

7. 【答案】×

【解析】本题考查识别与客户订立的合同——合同识别。对于不符合收入确认条件的合同，企业只有在不再负有向客户转让商品的剩余义务（如合同已完成或取消），且已向客户收取的对价（包括全部或部分对价）无须退回时，才能将已收取的对价确认为收入；否则，应当将已收取的对价作为负债进行会计处理。

8. 【答案】√

【解析】本题考查递延所得税费用（或收益）。对于采用权益法核算的长期股权投资，企业的持有意图由长期持有转为拟近期出售，若该长期股权投资账面价值与其计税基础不同产生了暂时性差异，企业应该确认相关的递延所得税影响。

9. 【答案】×

【解析】本题考查合并利润表——编制合并利润表时应进行抵销处理的项目（内部投资收益和利息费用的抵销处理）。在编制合并财务报表时，应当在抵销内部发行的应付债券和债权投资（其他债权投资）等内部债权债务的同时，将内部应付债券和债权投资（其他债权投资）相关的利息费用与投资收益（利息收入）相互抵销。应编制的抵销分录为：借记"投资收益"项目，贷记"财务费用"项目。

10.【答案】×

【解析】本题考查资产负债表日后调整事项的处理原则。涉及损益的调整事项，发生在报告年度所得税汇算清缴后的，应调整本年度（即报告年度的次年）应纳所得税税额。

四、计算分析题

1.【答案】

（1）借：研发支出——费用化支出　　　　　　　　　　　300

　　　　贷：原材料　　　　　　　　　　　　　　　　　　　150

　　　　　　应付职工薪酬　　　　　　　　　　　　　　　　100

　　　　　　累计折旧　　　　　　　　　　　　　　　　　　 50

　　借：管理费用　　　　　　　　　　　　　　　　　　 300

　　　　贷：研发支出——费用化支出　　　　　　　　　　　300

（2）借：研发支出——资本化支出　　　　　　　　　　210

　　　　　　　　　　——费用化支出　　　　　　　　　　 30

　　　　贷：原材料　　　　　　　　　　　　　　　　　　　140

　　　　　　应付职工薪酬　　　　　　　　　　　　　　　　 80

　　　　　　累计折旧　　　　　　　　　　　　　　　　　　 20

　　借：管理费用　　　　　　　　　　　　　　　　　　　30

　　　　贷：研发支出——费用化支出　　　　　　　　　　　 30

（3）甲公司该项新型专利技术的入账价值 = 210 + 5 = 215（万元）

会计分录：

①该项新型专利技术达到预定用途时：

　　借：无形资产　　　　　　　　　　　　　　　　　　215

　　　　贷：研发支出——资本化支出　　　　　　　　　　210

　　　　　　银行存款　　　　　　　　　　　　　　　　　　 5

②支付该项新型专利技术生产产品的广告宣传费 25 万元：

　　借：销售费用　　　　　　　　　　　　　　　　　　 25

　　　　贷：银行存款　　　　　　　　　　　　　　　　　　 25

（4）2×23 年 8 月 31 日：

①甲公司新型专利技术的账面价值为 215 万元，可回收金额为 155 万元，该新型专利技术的账面价值高于可回收金额，所以，该新型专利技术发生减值。当日，甲公司

应确认该项新型专利技术的减值损失金额 = 215 – 155 = 60（万元）。

②会计分录：

借：资产减值损失　　　　　　　　　　　　　　　　　　　　　　　60

　　贷：无形资产减值损失　　　　　　　　　　　　　　　　　　　　　60

2×23 年 12 月 31 日：

①甲公司新型专利技术的账面价值为 155 万元，可回收金额为 160 万元，该新型专利技术的账面价值低于可回收金额，所以，该新型专利技术未发生减值。当日，甲公司应确认该项新型专利技术的减值损失金额 = 0。

②会计分录：

根据《企业会计准则第 8 号——资产减值》的规定，无形资产的减值一经计提，后期不得转回。所以，该新型专利技术的账面价值低于可回收金额时，不作账务处理。

（5）甲公司 2×24 年 9 月 30 日对外出售新型专利技术应确认损益的金额 = 175 – 155 = 20（万元）。

会计分录：

借：银行存款　　　　　　　　　　　　　　　　　　　　　　　　175

　　无形资产减值准备　　　　　　　　　　　　　　　　　　　　　60

　　贷：无形资产　　　　　　　　　　　　　　　　　　　　　　　215

　　　　资产处置损益　　　　　　　　　　　　　　　　　　　　　20

2.【答案】

（1）长期股权投资的初始投资成本 = 5 950 + 50 = 6 000（万元）。

长期股权投资的初始投资成本（6 000 万元）小于投资时应享有被投资单位可辨认净资产公允价值份额（32 000 × 20%），应调整长期股权投资的初始投资成本。应编制的会计分录为：

借：长期股权投资——投资成本　　　　　　　　　　　　　　　6 000

　　贷：银行存款　　　　　　　　　　　　　　　　　　　　　　6 000

借：长期股权投资——投资成本　　　　　　　　（6 400 – 6 000）400

　　贷：营业外收入　　　　　　　　　　　　　　　　　　　　　400

（2）甲公司 2×24 年度对乙公司股权投资应确认的投资收益 = [3 000 – （450 – 300）] × 20% = 570（万元）。

借：长期股权投资——损益调整　　　　　　　　　　　　　　　570

　　贷：投资收益　　　　　　　　　　　　　　　　　　　　　　570

【提示】甲、乙公司之间存在内部交易，应将未实现内部交易损益调整乙公司净利润，3 000 – （450 – 300）为乙公司经调整后的净利润。

（3）2×25 年 5 月 10 日，确认应收现金股利时：

借：应收股利　　　　　　　　　　　　　　　（500 × 20%）100

　　贷：长期股权投资——损益调整　　　　　　　　　　　　　100

2×25 年 5 月 15 日，收到现金股利时：

借：银行存款　　　　　　　　　　　　　　　　　　　　　　　　　　100

　　贷：应收股利　　　　　　　　　　　　　　　　　　　　　　　　　100

（4）甲公司 2×25 年度对乙公司股权投资应确认的投资收益 = [1 800 + (450 −
300)] ×20% =390（万元）。

借：长期股权投资——损益调整　　　　　　　　　　　　　　　　　390

　　贷：投资收益　　　　　　　　　　　　　　　　　　　　　　　　390

【提示】2×24 年发生的内部交易在本年度已对外出售，需将以前年度抵减的未实
现内部交易损益金额恢复在当年的净损益中，故 1 800 + (450 − 300) 为 2×25 年度乙
公司调整后的净利润。

五、综合题

1. 【答案】

（1）会计分录：

借：发出商品　　　　　　　　　　　　　　　　　　　　　　　　　300

　　贷：库存商品　　　　　　　　　　　　　　　　　　　　　　　　300

（2）会计分录：

借：银行存款　　　　　　　　　　　　　　　　　　　　　　　　　285

　　销售费用　　　　　　　　　　　　　　　　　　　　　　　　　　15

　　　贷：主营业务收入　　　　　　　　　　　　　　　　　　　　　300

借：主营业务成本　　　　　　　　　　　　　　　　　　　　　　　200

　　贷：发出商品　　　　　　　　　　　　　　　　　　　　　　　　200

（3）甲公司 2×24 年 9 月 1 日向丙公司销售 A 产品时确认销售收入和结转销售成
本的会计处理不正确。

理由：甲公司负有应丙公司要求回购商品义务，且甲公司预计回购时的市场价格
远低于回购价格，表明丙公司具有行使该要求权的重大经济动因；同时回购价高于销
售价格，所以应视同融资交易，甲公司在收到丙公司款项时应确认金融负债。

正确的会计分录：

①2×24 年 9 月 1 日：

借：银行存款　　　　　　　　　　　　　　　　　　　　　　　　　750

　　贷：其他应付款　　　　　　　　　　　　　　　　　　　　　　　750

借：发出商品　　　　　　　　　　　　　　　　　　　　　　　　　500

　　贷：库存商品　　　　　　　　　　　　　　　　　　　　　　　　500

②2×24 年 9 月至 2×25 年 4 月，每月月末：

借：财务费用　　　　　　　　　　　　　　　　　　　　　　　　　　10

　　贷：其他应付款　　　　　　　　　　　　　　　　　　　　　　　　10

（4）甲公司 2×24 年 12 月 1 日将 B 产品销售给丁公司的业务中包含两项单项履约
义务。

B 产品的入账价值 = 180 × 180/(180 + 20) = 162（万元）

维修服务的入账价值 = 180 × 20/(180 + 20) = 18（万元）

会计分录：

借：银行存款   180

　　贷：主营业务收入   162

　　　　预计负债   18

2. 【答案】

(1) 商誉 = 合并成本 – 享有被投资方可辨认净资产公允价值的份额 = 5 000 × 3 – [18 000 + 2 000 × (1 – 25%)] × 70% = 1 350（万元）

甲公司 2×23 年 1 月 1 日取得乙公司 70% 股权时：

借：长期股权投资——投资成本   15 000

　　贷：股本   5 000

　　　　资本公积——股本溢价   10 000

调整子公司资产和负债公允价值时：

借：存货   500

　　固定资产   2 000

　　递延所得税资产   125

　　贷：应收账款   500

　　　　递延所得税负债   625

　　　　资本公积   1 500

甲公司长期股权投资与乙公司所有者权益的抵销处理：

借：股本   10 000

　　资本公积   6 500

　　盈余公积   900

　　未分配利润   2 100

　　商誉   1 350

　　贷：长期股权投资   15 000

　　　　少数股东权益   5 850

(2) 2×23 年 3 月 15 日：

借：应收股利   350

　　贷：投资收益   350

2×23 年 4 月 1 日：

借：银行存款   350

　　贷：应收股利   350

(3) ①借：营业收入   600

　　　　贷：营业成本   500

　　　　　　固定资产——原价   100

②借：固定资产——累计折旧　　　　　　　　　　　　10
　　贷：管理费用　　　　　　　　　　　　　　　　　　　　　10
③借：所得税费用　　　　　　　　　　　　　　　　　2.5
　　贷：递延所得税资产　　　　　　　　　　　　　　　　　　2.5
④借：应付账款　　　　　　　　　　　　　　　　　　600
　　贷：应收账款　　　　　　　　　　　　　　　　　　　　　600
⑤借：应收账款——坏账准备　　　　　　　　　　　　30
　　贷：信用减值损失　　　　　　　　　　　　　　　　　　　30
⑥借：所得税费用　　　　　　　　　　　　　　　　　17.5
　　贷：递延所得税资产　　　　　　　　　　　　　　　　　　17.5
⑦借：少数股东权益　　　　　　　　　　　　　　　　15.75
　　贷：少数股东损益　　　　　　　　　　　　　　　　　　　15.75

（4）2×23 年 12 月 31 日乙公司可辨认净资产公允价值 = 19 500 + 575 − 500 = 19 575（万元）

少数股东权益 = 19 575×30% − 15.75 = 5 856.75（万元）

少数股东损益 = 575×30% − 15.75 = 156.75（万元）

【提示】2×23 年 12 月 31 日，甲公司合并工作底稿中应作如下会计处理：

借：长期股权投资　　　　　　　　　　（575×70%）402.5
　　贷：投资收益　　　　　　　　　　　　　　　　　　　402.5
借：投资收益　　　　　　　　　　　　　　　　　　350
　　贷：长期股权投资　　　　　　　　　　　　　　　　　　350
借：股本　　　　　　　　　　　　　　　　　　　10 000
　　资本公积　　　　　　　　　　　　　　　　　　6 500
　　盈余公积　　　　　　　　　　　　　　　　　　900
　　未分配利润　　　　　　　　（2 100 + 575 − 500）2 175
　　商誉　　　　　　　　　　　　　　　　　　　1 350
　　贷：长期股权投资　　　　　　　　　　　　　　　　15 052.5
　　　　少数股东权益　　　　　　　　　　　　　　　　5 872.5
借：未分配利润——年初　　　　　　　　　　　　　2 100
　　投资收益　　　　　　　　　　　　　　　　　　402.5
　　少数股东损益　　　　　　　　　　　　　　　　172.5
　　贷：向所有者利润的分配　　　　　　　　　　　　　　　500
　　　　未分配利润——年末　　　　　　　　　　　　　　2 175
（5）借：银行存款　　　　　　　　　　　　　　　　20 000
　　　贷：长期股权投资　　　　　　　　　　　　　　　15 000
　　　　　投资收益　　　　　　　　　　　　　　　　5 000

2025 年度中级会计资格
《中级会计实务》全真模拟试题（三）
答案速查、参考答案及解析

答案速查

一、单项选择题

1. B	2. D	3. C	4. D	5. C
6. D	7. C	8. B	9. B	10. A

二、多项选择题

1. AB	2. CD	3. AB	4. ABD	5. ABCD
6. ABCD	7. ABCD	8. AC	9. CD	10. ABCD

三、判断题

1. ×	2. ×	3. √	4. ×	5. ×
6. ×	7. √	8. ×	9. ×	10. ×

参考答案及解析

一、单项选择题

1. 【答案】B

【解析】本题考查存货初始计量——其他方式取得存货。投资者投入存货的成本，应当按照投资合同或协议约定的价值确定，但合同或协议约定价值不公允的除外。所以，甲公司该业务计入资本公积的金额 = 120 − 600 × 10% = 60（万元）。因此，选项 B 正确。

2. 【答案】D

【解析】本题考查投资性房地产的后续计量——成本模式。

（1）2×24 年该写字楼应确认租金收入 = 900 × 4/12 = 300（万元）；

（2）2×24 年该写字楼应计提折旧金额 = 10 000/20 × 3/12 = 125（万元）；

（3）与该写字楼相关的交易事项对甲公司 2×24 年度营业利润的影响金额 = 300 − 125 = 175（万元），选项 D 正确。

3. 【答案】C

【解析】本题考查长期股权投资的初始计量——非同一控制下企业合并。企业通过多次交易分步实现非同一控制下企业合并的，购买日之前持有的股权投资，采用金融工具确认和计量准则进行会计处理的，应当将按照该准则确定的股权投资的公允价值加上新增投资成本之和，作为改按成本法核算的初始投资成本。甲公司该长期股权投资的投资成本 = 720 + 5 500 = 6 220（万元），选项 C 正确。

4. 【答案】D

【解析】本题考查金融资产的分类——金融资产之间的重分类。重分类日是指导致企业对金融资产进行重分类的业务模式发生变更后的首个报告期间的第一天（即下一个季度会计期间的期初），所以甲公司该金融资产的重分类日是 2×24 年 7 月 1 日。因此，选项 D 正确。

5. 【答案】C

【解析】本题考查借款费用资本化期间的确定——借款费用暂停资本化的时间。符合资本化条件的资产在购建或者生产过程中发生非正常中断且中断时间连续超过 3 个月的，应当暂停借款费用的资本化。因此，选项 A、B、D 错误。

6. 【答案】D

【解析】本题考查或有负债。或有负债虽然不满足负债的确认条件，不能在报表中确认，但应在附注中披露，选项 A 错误；或有负债导致的经济利益流出金额是不能可靠计量的，选项 B 错误；或有负债的结果，应由未来事项的发生或不发生来证实，选项 C 错误。

7. 【答案】C

【解析】本题考查确定交易价格——合同中存在重大融资成分。合同中存在重大融资成分，甲公司应作的会计分录如下：

（1）2×22 年 10 月 1 日，确认收入：

借：长期应收款　　　　　　　　　　　　　　　　449.44

　　贷：主营业务收入　　　　　　　　　　　　　　　　　400

　　　　未确认融资收益　　　　　　　　　　　　　　　49.44

（2）2×22 年 12 月 31 日，确认未确认融资收益：

借：未确认融资收益　　　　　　　　　　　　　　　　　6

　　贷：财务费用　　　　　　　　　　　　　　　　　　　　6

长期应收款账面价值 = "长期应收款"科目余额 − "未确认融资收益"科目余额 =

449.44 – (49.44 – 6) = 406（万元）

（3）2×23 年 12 月 31 日，确认未确认融资收益：

借：未确认融资收益　　　　　　　　　　　　　　24.36

　　贷：财务费用　　　　　　　　　　　　　　　　　24.36

（4）2×24 年 9 月 30 日，交付货物：

借：银行存款　　　　　　　　　　　　　　　　449.44

　　未确认融资收益　　　　　　　　　　　　　19.08

　　贷：长期应收款　　　　　　　　　　　　　　　449.44

　　　　财务费用　　　　　　　　　　　　　　　　19.08

选项 C 正确。

8. 【答案】B

【解析】本题考查非货币性资产交换的会计处理——以公允价值为基础计量的非货币性资产交换的会计处理。甲公司该非货币性资产交换影响当期损益的金额 = 140 – （150 – 30）= 20（万元）。因此，选项 B 正确。

9. 【答案】B

【解析】本题考查短期租赁。

（1）甲公司约定的不可撤销期间为 6 个月，且在租赁到期时拥有 3 个月的续租选择权，同时，在租赁期开始日，甲公司可以合理确定将行使续租选择权，所以，租赁期为 9 个月，选项 A 错误。

（2）约定不可撤销期间为 6 个月，甲公司可在到期时拥有 3 个月的续租选择权，租金为每月 9 万元，免租期 1 个月，所以平均到每月，租金为 8 万元，记入"管理费用"科目，选项 B 正确。

（3）短期租赁可以不确认使用权资产和租赁负债，选项 C 错误。

（4）短期租赁可以选择采用简化会计处理，选项 D 错误。

10. 【答案】A

【解析】本题考查持有待售类别的计量——划分为持有待售类别时的计量。

（1）乙公司是专为转售而取得的子公司，其不划分为持有待售类别情况下的初始计量金额为 2 000 万元，当日公允价值减去出售费用后的净额为 1 990 万元，按照两者孰低计量。甲公司 2×24 年 3 月 1 日的账务处理如下：

借：持有待售资产——长期股权投资　　　　　　1 990

　　资产减值损失　　　　　　　　　　　　　　10

　　贷：银行存款　　　　　　　　　　　　　　　2 000

（2）2×24 年 3 月 31 日，公允价值减去出售费用的净额为 2 005 万元，高于持有待售资产的账面价值，不作处理。

因此，选项 A 正确。

二、多项选择题

1. 【答案】AB

【解析】本题考查无形资产概述。无形资产是指企业拥有或者控制的没有实物形态的可辨认非货币性资产，通常包括专利权、非专利技术、商标权、著作权、特许权、土地使用权等，选项 A、B 正确；商誉由于不具有可辨认性，故不属于无形资产，选项 C 错误；已出租的土地使用权，应当确认为投资性房地产，选项 D 错误。

2. 【答案】CD

【解析】本题考查合营安排概述——合营安排分类。合营安排分为共同经营和合营企业，选项 C、D 正确。

3. 【答案】AB

【解析】本题考查资产减值的概念及范围。

（1）资产减值准则涉及的资产主要是企业的非流动资产，具体包括对子公司、联营企业和合营企业的长期股权投资，采用成本模式进行后续计量的投资性房地产，固定资产，无形资产，探明石油天然气矿区权益和井及相关设施等，选项 A、B 正确。

（2）合同履约成本适用收入准则，选项 D 错误。

（3）合同资产属于收入准则的核算范畴，但是其减值的计提适用《企业会计准则第 22 号——金融工具确认和计量》的相关规定，选项 C 错误。

4. 【答案】ABD

【解析】本题考查可行权条件的种类、处理和修改。如果修改减少了授予的权益工具的公允价值，企业应当继续以权益工具在授予日的公允价值为基础，确认取得服务的金额。因此，选项 C 错误。

5. 【答案】ABCD

【解析】本题考查履行每一单项履约义务时确认收入——在某一时段履行的履约义务。企业在判断商品是否具有不可替代用途时，需要注意下列四点：

（1）判断时点是合同开始日。

（2）当合同中存在实质性的限制条款，导致企业不能将合同约定的商品用于其他用途时，该商品满足具有不可替代用途的条件。

（3）虽然合同中没有限制条款，但是，当企业将合同中约定的商品用作其他用途，将导致企业遭受重大的经济损失时，企业将该商品用作其他用途的能力实际上受到了限制。

（4）基于最终转移给客户的商品的特征判断。

选项 A、B、C、D 正确。

6. 【答案】ABCD

【解析】本题考查外币交易发生日的会计处理。

（1）2×24 年 9 月 1 日：

借：原材料　　　　　　　　　　　　　　　　　　　　　3 773

应交税费——应交增值税（进项税额）	490.49	
贷：应付账款		3 430
银行存款		833.49

（2）2×24 年 9 月 30 日：

借：财务费用	10	
贷：应付账款		10

选项 A、B、C、D 正确。

7.【答案】ABCD

【解析】本题考查转租赁。甲企业应基于原租赁形成的使用权资产对转租赁进行分类。本例中，转租赁的期限覆盖了原租赁的所有剩余期限，综合考虑其他因素，甲企业判断其实质上转移了与该项使用权资产有关的几乎全部风险和报酬，甲企业将该项转租赁分类为融资租赁。

甲企业的会计处理为：（1）终止确认与原租赁相关且转给丙企业（转租承租人）的使用权资产，并确认转租赁投资净额；（2）将使用权资产与转租赁投资净额之间的差额确认为损益；（3）在资产负债表中保留原租赁的租赁负债，该负债代表应付原租赁出租人的租赁付款额；（4）在转租期间，中间出租人既要确认转租赁的融资收益，也要确认原租赁的利息费用。

选项 A、B、C、D 正确。

8.【答案】AC

【解析】本题考查合并利润表的编制。企业发生的内部交易中，如果是顺流交易，未实现内部交易损益在母公司（或其他子公司），在计算子公司少数股东损益时无须考虑；如果是逆流交易，未实现内部交易损益在子公司，在计算子公司少数股东损益时需要扣除未实现内部交易损益的金额。本题中，选项 A、C 属于逆流交易，且存在未实现内部交易损益，影响甲公司合并利润表中少数股东损益，选项 A、C 正确；甲公司将一笔闲置资金免息提供给乙公司使用不影响损益，选项 B 错误；选项 D 属于顺流交易，在计算子公司少数股东损益时无须考虑，不影响甲公司合并利润表中少数股东损益，选项 D 错误。

9.【答案】CD

【解析】本题考查的是合并财务报表概述。合并报表中，少数股东对子公司的净资产享有份额，所以少数股东权益及少数股东损益仅存在于合并报表中，选项 C、D 正确。

10.【答案】ABCD

【解析】本题考查财政直接支付业务。

本题会计分录如下：

2×25 年 1 月 20 日，财务会计分录为：

借：库存物品	（选项 B 正确）10	
贷：财政应返还额度	（选项 A 正确）10	

同时，预算会计分录为：

借：行政支出 　　　　　　　　　　　　　　　（选项 C 正确）10
　　贷：资金结存——财政应返还额度 　　　　　（选项 D 正确）10

三、判断题

1. 【答案】×

【解析】本题考查存货确认条件——该存货的成本能够可靠地计量。企业预计发生的制造费用，由于并未实际发生，不能可靠地确定其成本，因此不能计入产品成本。

2. 【答案】×

【解析】本题考查固定资产的确认。固定资产的各组成部分，如果具有不同使用寿命或者以不同方式为企业提供经济利益，表明这些组成部分实际上是以独立的方式为企业提供经济利益，企业应当将各组成部分确认为单项固定资产。如飞机的引擎，如果其与飞机机身具有不同的使用寿命，则企业应当将其单独确认为一项固定资产。

3. 【答案】√

【解析】本题考查金融资产的后续计量——以公允价值计量且其变动计入其他综合收益的金融资产。确定以公允价值计量且其变动计入其他综合收益的金融资产发生减值的，应按减记的金额，借记"信用减值损失"科目，贷记"其他综合收益——信用减值准备"科目。

4. 【答案】×

【解析】本题考查短期带薪缺勤的确认和计量——非累积带薪缺勤。对于非累积带薪缺勤，由于职工提供服务不能增加其能够享受的福利金额，企业在职工未缺勤时不应当计提相关费用和负债；企业应当在职工实际发生缺勤的会计期间确认与非累积带薪缺勤相关的职工薪酬，即视同职工出勤确认的当期费用或相关资产成本。

5. 【答案】×

【解析】本题考查政府补助的会计处理方法。通常情况下，对同类或类似政府补助业务只能选用一种方法，同时，企业对该业务应当一贯地运用该方法，不得随意变更。

6. 【答案】×

【解析】本题考查递延所得税负债的确认和计量——递延所得税负债的计量。《企业会计准则第 18 号——所得税》规定，资产负债表日，对于递延所得税负债，应当根据适用税法规定，按照预期收回该资产或清偿该负债期间的适用税率计量。因此，本题的说法是错误的。

7. 【答案】√

【解析】本题考查企业合并界定。交易费用在购买资产交易中通常作为转让对价的一部分，并根据适用的准则资本化为所购买的资产成本的一部分；而在企业合并中，交易费用应被费用化。

8. 【答案】×

【解析】本题考查会计政策变更的会计处理。会计政策变更累积影响数，是指按照变更后的会计政策对以前各期追溯计算的列报前期最早期初留存收益应有金额与现有金额的差额。

9.【答案】×

【解析】本题考查资产负债表日后事项涵盖的期间。资产负债表日后事项涵盖期间是自资产负债表日次日起至财务报告批准报出日止的一段时间。

10.【答案】×

【解析】本题考查捐赠收入。捐赠承诺是指捐赠现金或其他资产的书面协议或口头约定等。由于捐赠承诺不满足非交换交易收入的确认条件，民间非营利组织对于捐赠承诺，不应予以确认，但可以在会计报表附注中作相关披露。

四、计算分析题

1.【答案】

（1）甲公司债务重组应确认的损益金额 = 600 × (1 + 13%) − (120 + 270 + 130) − 150 × 13% − 300 × 9% = 111.5（万元）

会计分录：

借：应付账款		678
贷：库存商品		120
投资性房地产——成本		240
——公允价值变动		30
其他权益工具投资——成本		100
——公允价值变动		30
应交税费——应交增值税（销项税额）		46.5
其他收益——债务重组收益		111.5

（2）交易性金融资产的入账价值 = 150 万元

库存商品的入账价值 = (550 − 150 − 150 × 13% − 300 × 9%) × 150/(150 + 300) = 117.83（万元）

投资性房地产的入账价值 = (550 − 150 − 150 × 13% − 300 × 9%) × 300/(150 + 300) = 235.67（万元）

会计分录：

借：库存商品		117.83
投资性房地产		235.67
交易性金融资产		150
应交税费——应交增值税（进项税额）		46.5
坏账准备		110
投资收益		18
贷：应收账款		678

2.【答案】

（1）甲公司 2×24 年 6 月 30 日收到销售 A 环保生产设备的财政补贴资金不属于政

府补助。

理由：企业从政府取得的经济资源，如果与企业销售商品或提供劳务等活动密切相关，且是企业商品或服务的对价或者是对价的组成部分，应当按照《企业会计准则第 14 号——收入》的规定进行会计处理。

甲公司该业务应确认的收入金额 = 100 × 120 = 12 000（万元）

会计分录：

借：银行存款　　　　　　　　　　　　　　　　　　　　12 000

　　贷：主营业务收入　　　　　　　　　　　　　　　　　　　12 000

（2）会计分录：

借：银行存款　　　　　　　　　　　　　　　　　　　　100

　　贷：长期借款——本金　　　　　　　　　　　　　　　　　100

（3）会计分录：

借：在建工程　　　　　　　　　　　　　　　　　　　　0.75

　　贷：长期借款——应计利息　　　　　　　　　　　　　　　0.75

借：其他应收款　　　　　　　　　　　　　　　　　　　0.5

　　贷：在建工程　　　　　　　　　　　　　　　　　　　　　0.5

（4）甲公司 2×24 年 12 月 10 日收到即征即退的增值税税款属于政府补助。

会计分录：

借：银行存款　　　　　　　　　　　　　　　　　　　　20

　　贷：其他收益　　　　　　　　　　　　　　　　　　　　　20

五、综合题

1.【答案】

（1）2×23 年 1 月 1 日，购入乙公司股份：

借：其他权益工具投资——成本　　　　　　　　　　　　1 000

　　贷：银行存款　　　　　　　　　　　　　　　　　　　　1 000

（2）2×23 年 3 月 30 日，公允价值变动：

借：其他权益工具投资——公允价值变动　　　　　　　　200

　　贷：其他综合收益　　　　　　　　　　　　　　　　　　　200

（3）甲公司 2×23 年 5 月 1 日取得长期股权投资时合并报表中应确认的商誉金额 = (1 500 + 16 500) − [28 000 + 2 000 × (1 − 25%)] × 60% = 300（万元）

借：长期股权投资　　　　　　　　　　　　　　　　　　18 000

　　贷：其他权益工具投资——成本　　　　　　　　　　　　　1 000

　　　　　　　　　　　　——公允价值变动　　　　　　　　　200

　　　银行存款　　　　　　　　　　　　　　　　　　　　16 500

　　　盈余公积——法定盈余公积　　　　　　　　　　　　　　30

　　　利润分配——未分配利润　　　　　　　　　　　　　　　270

借：其他综合收益 200

　　贷：盈余公积——法定盈余公积 20

　　　　利润分配——未分配利润 180

（4）甲公司2×23年不需要按照持股比例确认乙公司的净利润收益。

理由：成本法下，母公司无须按照持股比例确认子公司当年净利润或损失有关的投资收益。

借：应收股利 1 500

　　贷：投资收益 1 500

（5）甲公司2×24年3月31日对乙公司的股权投资应当划分为持有待售类别。

理由：甲公司预计未来3个月内会将乙公司的股权出售给丙公司，且该股权在当前状况下可立即出售。

甲公司应在合并报表中将乙公司所有资产和负债分类为持有待售类别。

会计分录：

借：持有待售资产 18 000

　　贷：长期股权投资 18 000

（6）2×24年5月31日，转让乙公司的股权给丙公司：

借：银行存款 15 000

　　贷：持有待售资产 （18 000×45%/60%） 13 500

　　　　投资收益 1 500

借：交易性金融资产 5 000

　　贷：持有待售资产 4 500

　　　　投资收益 500

2.【答案】

（1）2×21年设备应计提的折旧=1 500×5/（1+2+3+4+5）=500（万元）

2×22年设备应计提的折旧=1 500×4/（1+2+3+4+5）=400（万元）

2×23年设备应计提的折旧=1 500×3/（1+2+3+4+5）=300（万元）

2×24年设备应计提的折旧=1 500×2/（1+2+3+4+5）=200（万元）

2×25年设备应计提的折旧=1 500×1/（1+2+3+4+5）=100（万元）

答案如下表所示：

单位：万元

项目	2×21年	2×22年	2×23年	2×24年	2×25年
账面价值	1 000	600	300	100	0
计税基础	1 200	900	600	300	0
暂时性差异	200	300	300	200	0

（2）2×21 年末的递延所得税资产余额 = 100 × 12.5% + 100 × 25% = 37.5（万元）

2×22 年末的递延所得税资产余额 = 100 × 12.5% + 200 × 25% = 62.5（万元）

2×23 年末的递延所得税资产余额 = 100 × 12.5% + 200 × 25% = 62.5（万元）

2×24 年末的递延所得税资产余额 = 200 × 25% = 50（万元）

（3）借：交易性金融资产——成本　　　　　　　　　　　　　　　1 000

　　　　贷：银行存款　　　　　　　　　　　　　　　　　　　　　　1 000

借：交易性金融资产——公允价值变动　　　　　　　　　　　　　　225

　　　贷：公允价值变动损益　　　　　　　　　　　　　　　　　　　225

（4）①甲公司 2×25 年资本化支出部分：

2×25 年资本化支出部分账面价值 = 1 500 万元

2×25 年资本化支出部分计税基础 = 1 500 + 1 500 × 100% = 3 000（万元）

2×25 年末形成可抵扣暂时性差异 = 3 000 - 1 500 = 1 500（万元）

②不需要确认递延所得税资产。

理由：自行研发的无形资产不是产生于企业合并，且初始确认时，既不影响应纳税所得额也不影响会计利润，故不确认相关的递延所得税资产。

（5）甲公司 2×25 年的应交所得税 = （10 000 - 200 - 225 - 1 000 + 1 500/10 × 6/12 - 3 000/10 × 6/12）× 25% = 2 125（万元）

甲公司 2×25 年递延所得税资产发生额 = 0 - 200 × 25% + 75 × 25% = -31.25（万元）

甲公司 2×25 年递延所得税负债发生额 = 225 × 25% = 56.25（万元）

甲公司 2×25 年所得税费用 = 2 125 + [56.25 - （-31.25）] = 2 212.5（万元）

借：所得税费用　　　　　　　　　　　　　　　　　　　　2 212.5

　　贷：应交税费——应交所得税　　　　　　　　　　　　　　2 125

　　　　递延所得税负债　　　　　　　　　　　　　　　　　　56.25

　　　　递延所得税资产　　　　　　　　　　　　　　　　　　31.25

2025 年度中级会计资格
《中级会计实务》全真模拟试题（四）
答案速查、参考答案及解析

答案速查

一、单项选择题

1. B	2. C	3. C	4. C	5. B
6. C	7. C	8. B	9. B	10. A

二、多项选择题

1. ACD	2. BD	3. AC	4. BCD	5. AB
6. ABC	7. AC	8. ABC	9. BD	10. CD

三、判断题

1. √	2. ×	3. √	4. √	5. ×
6. ×	7. ×	8. ×	9. √	10. √

参考答案及解析

一、单项选择题

1. 【答案】B

【解析】本题考查存货期末计量方法——存货跌价准备的计提与转回。在核算存货跌价准备的转回时，转回的存货跌价准备与计提该准备的存货项目或类别应当存在直接对应关系。所以，该公司 2×24 年 12 月 31 日甲材料的账面价值 = 80 − 6 − 2 = 72（万元）。因此，选项 B 正确。

2. 【答案】C

【解析】本题考查固定资产的后续支出——资本化后续支出。该设备改良后的入账价值 = $(500 - 300) + 65 - [100 - 100 \times 300/500] = 225$（万元）。因此，选项 C 正确。

3. 【答案】C

【解析】本题考查使用寿命有限的无形资产，持有待售类别的计量——划分为持有待售类别后的计量。

（1）企业选择的无形资产摊销方法，应根据与无形资产有关的经济利益的预期消耗方式作出决定，并一致地运用于不同会计期间，选项 A 说法正确。

（2）持有待售的非流动资产不应计提折旧或摊销，选项 B 说法正确。

（3）使用寿命不确定的无形资产，在持有期间内不需要进行摊销，选项 C 说法错误。

（4）无形资产的摊销期自其可供使用（即其达到预定用途）时起至终止确认时止，选项 D 说法正确。

4. 【答案】C

【解析】本题考查长期股权投资的初始计量——同一控制下企业合并。甲公司应确认对乙公司股权投资的初始投资成本 = $6\,100 \times 80\% + 500 = 5\,380$（万元），选项 C 正确。

5. 【答案】B

【解析】本题考查资产的公允价值减去处置费用后净额的确定。资产的公允价值减去处置费用后的净额中，处置费用是指可以直接归属于资产处置的增量成本，包括与资产处置有关的法律费用、相关税费、搬运费以及为使资产达到可销售状态所发生的直接费用等，但是财务费用和所得税费用等不包括在内。

甲公司该项设备预计未来现金流量 = $500 - 60 - 10 = 430$（万元），选项 B 正确。

6. 【答案】C

【解析】本题考查借款利息资本化金额的确定。

（1）2×24 年占用一般借款的资产支出加权平均数 = $4\,000 \times 12/12 + 6\,000 \times 6/12 = 7\,000$（万元）

（2）2×24 年一般借款利息资本化率 = $(4\,000 \times 5\% + 8\,000 \times 8\%)/(4\,000 + 8\,000) = 7\%$

（3）2×24 年一般借款应予资本化的利息金额 = $7\,000 \times 7\% = 490$（万元）。

因此，选项 C 正确。

7. 【答案】C

【解析】本题考查合同取得成本。企业为取得合同发生的、除预期能够收回的增量成本之外的其他支出，如无论是否取得合同均会发生的差旅费、投标费、为准备投标资料发生的相关费用等，应当在发生时计入当期损益，除非这些支出明确由客户承担。所以，甲公司该合同取得成本的入账价值 = $1 + 3 + 3 = 7$（万元）。因此，选项 C 正确。

8. 【答案】B

【解析】本题考查与收益相关的政府补助。与收益相关的政府补助应当在其补偿的相关费用或损失发生的期间计入损益，但要分以下两种情况处理：

（1）用于补偿企业以后期间费用或损失的，在取得时先确认为递延收益，然后在确认相关费用的期间计入当期营业外收入。

（2）用于补偿企业已发生费用或损失的，取得时直接计入当期营业外收入。

本题中，该财政拨款是用来补助未来期间将发生的费用的，所以应先确认为递延收益，选项 B 正确。

9.【答案】B

【解析】本题考查合并报表中归属于母公司所有者权益总额的计算。母公司所有者权益仍保留在合并报表中，母公司按持股比例享有子公司净资产。2×24 年 12 月 31 日合并资产负债表中归属于母公司的所有者权益 = 9 000 +（800 − 250）× 80% = 9 440（万元），选项 B 正确。选项 A 错误，未将子公司净资产按母公司持股比例计算；选项 C 错误，未将子公司分派现金股利扣除；选项 D 错误，误将分派现金股利增加子公司净资产且未按母公司持股比例计算子公司净资产份额。

10.【答案】A

【解析】本题考查会计估计的概念。

下列各项属于常见的需要进行估计的项目：

（1）存货可变现净值的确定。

（2）固定资产的预计使用寿命与净残值，固定资产的折旧方法。

（3）使用寿命有限的无形资产的预计使用寿命与净残值。

（4）可收回金额按照资产组的公允价值减去处置费用后的净额确定的，确定公允价值的方法；可收回金额按照资产组预计未来现金流量的现值确定的，预计未来现金流量的确定。

（5）确认收入时对合同履约进度的确定。

（6）公允价值的确定。

（7）预计负债初始计量的最佳估计数的确定。

选项 A 正确。

二、多项选择题

1.【答案】ACD

【解析】本题考查存货期末计量方法——可变现净值的确定。企业确定存货的可变现净值时应考虑的因素包括：

（1）存货可变现净值的确凿证据；（选项 A 正确）

（2）持有存货的目的；（选项 C 正确）

（3）资产负债表日后事项的影响。（选项 D 正确）

2.【答案】BD

【解析】本题考查投资性房地产的后续计量模式变更。采用成本模式对投资性房地产进行后续计量的企业，即便有证据表明企业首次取得某项投资性房地产时，该投资性房地产的公允价值能够持续可靠取得，该企业仍应对该投资性房地产采用成本模式进行后续计量，选项 A 错误；采用公允价值模式计量的投资性房地产，不计提减值准备，选项 C 错误。

3.【答案】AC

【解析】本题考查金融资产的具体会计处理。影响所有者权益总额变动的科目有"未分配利润""其他综合收益"等所有者权益类科目，损益类科目也会间接影响所有者权益总额变动，因为损益类科目都会转入未分配利润。选项 A，账面价值与公允价值不同的债权投资（以摊余成本计量的金融资产）重分类为其他债权投资（以公允价值计量且其变动计入其他综合收益的金融资产），差额计入其他综合收益，会影响所有者权益总额；选项 B，其他债权投资发生减值，借记"信用减值损失"科目，贷记"其他综合收益"科目，不影响所有者权益总额；选项 C，计入其他综合收益，会影响所有者权益总额；选项 D，权益法下收到被投资单位发放的现金股利，借记"银行存款"科目，贷记"应收股利"科目，不影响所有者权益总额。

4.【答案】BCD

【解析】本题考查或有事项的确认。根据《企业会计准则第 13 号——或有事项》的规定，与或有事项有关的义务在同时符合以下三个条件时，应当确认为预计负债：

（1）该义务是企业承担的现时义务；

（2）履行该义务很可能导致经济利益流出企业；

（3）该义务的金额能够可靠地计量。

选项 B、C、D 正确。

5.【答案】AB

【解析】本题考查非货币性资产交换的概念。

（1）以一批原材料换取一项管理用无形资产，适用《企业会计准则第 14 号——收入》的规定进行会计处理，选项 C 错误。

（2）以一项权益性投资换取一台生产设备，属于接受权益性投资，不属于非货币性资产交换，选项 D 错误。

6.【答案】ABC

【解析】本题考查债务重组的方式。债务重组的方式主要包括：债务人以资产清偿债务、将债务转为权益工具、修改其他条款，以及前述一种以上方式的组合，选项 A、B、C 正确。

7.【答案】AC

【解析】本题考查外币财务报表折算的一般原则。

（1）资产负债表中的资产和负债项目，采用资产负债表日的即期汇率折算，所有者权益项目除"未分配利润"项目外，其他项目采用发生时的即期汇率折算，选项 B 错误，选项 A、C 正确。

（2）利润表中的收入和费用项目，采用交易发生日的即期汇率折算；也可以采用按照系统合理的方法确定的、与交易发生日的即期汇率近似的汇率折算，选项 D 错误。

8.【答案】ABC

【解析】本题考查同一控制下控股合并的会计处理。同一控制下企业合并形成的控股合并，在确认长期股权投资初始投资成本时，应按《企业会计准则第13号——或有事项》的规定，判断是否应就或有对价确认预计负债或者确认资产，以及应确认的金额；确认预计负债或资产的，该预计负债或资产金额与后续或有对价结算金额的差额不影响当期损益，而应当调整资本公积（资本溢价或股本溢价），资本公积（资本溢价或股本溢价）的余额不足冲减的，冲减留存收益，选项A、B、C正确。

9.【答案】BD

【解析】本题考查纳入政府部门合并报表范围的确定。与本部门没有财政预算拨款关系的挂靠单位，以及与本部门脱钩的行业协会不纳入政府部门合并报表，选项A、C错误；纳入本部门预决算管理的行政事业单位和社会组织、本部门所属未纳入预决算管理的事业单位均应纳入政府部门合并财务报表范围，选项B、D正确。

10.【答案】CD

【解析】本题考查受托代理业务。甲民间非营利组织在该项业务中仅仅是中介人的角色，属于受托代理业务，故甲民间非营利组织在收到电脑时，应借记"受托代理资产"科目，贷记"受托代理负债"科目。

三、判断题

1.【答案】√

【解析】本题考查存货的确认条件。存货区别于固定资产等非流动资产的最基本特征是，企业持有存货的最终目的是出售，包括可供直接出售的产成品、商品，以及需经过进一步加工后出售的原材料等。

2.【答案】×

【解析】本题考查投资性房地产的后续计量模式变更。成本模式转为公允价值模式的，应当作为会计政策变更处理，将计量模式变更时公允价值与账面价值的差额，调整期初留存收益。因此，本题的说法是错误的。

3.【答案】√

【解析】本题考查长期股权投资的处置。企业通过多次交易分步处置对子公司股权投资直至丧失控制权，如果上述交易属于一揽子交易的，应当将各项交易作为一项处置子公司股权投资并丧失控制权的交易进行会计处理；但是，在丧失控制权之前每一次处置价款与所处置的股权对应的长期股权投资账面价值之间的差额，在个别财务报表中，应当先确认为其他综合收益，到丧失控制权时再一并转入丧失控制权期间的当期损益。因此，本题的说法是正确的。

4.【答案】√

【解析】本题考查识别与客户订立的合同——合同合并。企业与同一客户（或该客户的关联方）同时订立或在相近时间内先后订立的两份或多份合同，在满足下列条件之一时，应当合并为一份合同进行会计处理：一是该两份或多份合同基于同一商业目的而订立并构成"一揽子"交易，如一份合同在不考虑另一份合同对价的情况下将会发生亏损；二是该两份或多份合同中的一份合同的对价金额取决于其他合同的定价或履行情况，如一份合同如果发生违约，将会影响另一份合同的对价金额；三是该两份或多份合同中所承诺的商品（或每份合同中所承诺的部分商品）构成单项履约义务。两份或多份合同合并为一份合同进行会计处理的，仍然需要区分该一份合同中包含的各单项履约义务。

5.【答案】×

【解析】本题考查非货币性资产交换的认定。如果补价占整个资产交换金额的比例不足 25%（即＜25%），则该交换为非货币性资产交换。

6.【答案】×

【解析】本题考查递延所得税资产的确认和计量。递延所得税资产的减值是指如果未来期间很可能无法取得足够的应纳税所得额用以利用递延所得税资产的利益，应当减记递延所得税资产的账面价值，借记"所得税费用"或"其他综合收益"等科目，贷记"递延所得税资产"科目。

7.【答案】×

【解析】本题考查短期租赁。如果在租赁开始日，甲公司可以合理确定将行使续租选择权，则租赁期为 13 个月，此时，该租赁就不属于短期租赁。因此，本题的说法是错误的。

8.【答案】×

【解析】本题考查对于子公司的少数股东增加在子公司中的权益性投资，在合并现金流量表中应当在"筹资活动产生的现金流量"之下的"吸收投资收到的现金"项目下单设"其中：子公司吸收少数股东投资收到的现金"项目反映，不应分类为投资性活动产生的现金流量，本题表述错误。

9.【答案】√

【解析】本题考查合并所有者权益变动表——编制合并所有者权益变动表时应进行抵销的项目。合并所有者权益变动表应当以母公司和子公司的所有者权益变动表为基础，在抵销母公司与子公司、子公司相互之间发生的内部交易对合并所有者权益变动表的影响后，由母公司合并编制。合并所有者权益变动表也可以根据合并资产负债表和合并利润表进行编制。

10.【答案】√

【解析】本题考查资产负债表日后调整事项的具体会计处理方法。企业涉及现金收支的资产负债表日后调整事项，不应当调整报告年度的货币资金项目金额。

四、计算分析题

1.【答案】

（1）甲公司 2×21 年 1 月 1 日无须进行账务处理。

理由：除立即可行权的股份支付外，无论是以权益结算的股份支付，还是以现金结算的股份支付，企业在授予日均不作会计处理。

（2）甲公司 2×21 年末取得高层管理人员提供服务计入成本费用的金额 =（100 − 20）× 10 000 × 15 × 1/3/10 000 = 400（万元）

会计分录：

借：管理费用　　　　　　　　　　　　　　　　　　　　　400

　　贷：应付职工薪酬　　　　　　　　　　　　　　　　　　　400

（3）甲公司 2×22 年末取得高层管理人员提供服务计入成本费用的金额 =（100 − 25）× 10 000 × 18 × 2/3/10 000 − 320 = 580（万元）

会计分录：

借：管理费用　　　　　　　　　　　　　　　　　　　　　580

　　贷：应付职工薪酬　　　　　　　　　　　　　　　　　　　580

（4）甲公司 2×23 年末取得高层管理人员提供服务计入成本费用的金额 =（100 − 20）× 10 000 × 21 × 3/3/10 000 − 900 = 780（万元）

会计分录：

借：管理费用　　　　　　　　　　　　　　　　　　　　　780

　　贷：应付职工薪酬　　　　　　　　　　　　　　　　　　　780

（5）甲公司 2×24 年 12 月 31 日高层管理人员行权影响当期损益的金额 = 1 680 − （100 − 20）× 10 000 × 20 × 3/3/10 000 = 80（万元）

会计分录：

借：应付职工薪酬　　　　　　　　　　　　　　　　　　　80

　　贷：公允价值变动损益　　　　　　　　　　　　　　　　　80

借：应付职工薪酬　　　　　　　　　　　　　　　　　　1 600

　　贷：银行存款　　　　　　　　　　　　　　　　　　　1 600

2.【答案】

（1）2×24 年 1 月 1 日，购入债券时：

借：其他债权投资——成本　　　　　　　　　　　　　　2 000

　　　　　　　——利息调整　　　　　　　　　　　　　　55.5

　　贷：银行存款　　　　　　　　　　　　　　　　　　2 055.5

（2）2×24 年 12 月 31 日应确认对乙公司债券投资的实际利息收入 = 2 055.5 × 4% = 82.22（万元）

借：其他债权投资——应计利息　　　　　（2 000 × 5%）100

　　贷：投资收益　　　　　　　　　　　　　　　　　　82.22

　　　其他债权投资——利息调整　　　　　　　　　　　17.78

借：银行存款　　　　　　　　　　　　　　　　　　　　100

　　贷：其他债权投资——应计利息　　　　　　　　　　　　100

（3）2×24 年 12 月 31 日应确认公允价值变动的金额 = 2 010 − （2 055.5 − 17.78）= −27.72（万元）

借：其他综合收益　　　　　　　　　　　　　　　　　　　27.72
　　贷：其他债权投资——公允价值变动　　　　　　　　　　　　27.72

（4）2×24 年 12 月 31 日，确认预期信用损失：

借：信用减值损失　　　　　　　　　　　　　　　　　　　　10
　　贷：其他综合收益　　　　　　　　　　　　　　　　　　　　　10

五、综合题

1.【答案】

（1）甲公司对该事项的会计处理不正确。

理由：

①企业内部研发活动所发生的"研发支出——费用化支出"，期末应转入"管理费用"科目。

②内部研发活动所发生的资本化支出的初始确认金额与其计税基础的差额，虽然形成了可抵扣暂时性差异，但由于该事项并不属于企业合并，且相关资本化支出金额在初始确认时，既不影响会计利润，也不影响应纳税所得额，所以不应确认递延所得税事项。

更正分录：

借：以前年度损益调整　　　　　　　　　　　　　　　　　200
　　贷：研发支出——费用化支出　　　　　　　　　　　　　　　200
借：以前年度损益调整　　　　　　　　　　　　　　　　　200
　　贷：递延所得税资产　　　　　　　　　　　　　　　　　　　200
借：盈余公积　　　　　　　　　　　　　　　　　　　　　40
　　利润分配——未分配利润　　　　　　　　　　　　　　　360
　　贷：以前年度损益调整　　　　　　　　　　　　　　　　　　400

（2）借：以前年度损益调整　　　　　　　　　　　　　　　300
　　　　贷：递延收益　　　　　　　　　　　　　　　　　　　　　300
借：盈余公积　　　　　　　　　　　　　　　　　　　　　30
　　利润分配——未分配利润　　　　　　　　　　　　　　　270
　　贷：以前年度损益调整　　　　　　　　　　　　　　　　　　300

（3）甲公司 2×24 年 1 月 10 日收到法院判决属于资产负债表日后事项。

会计分录：

借：预计负债　　　　　　　　　　　　　　　　　　　　　400
　　以前年度损益调整　　　　　　　　　　　　　　　　　100
　　贷：其他应付款　　　　　　　　　　　　　　　　　　　　　500
借：应交税费——应交所得税　　　　　　　　　　　　　　125
　　贷：递延所得税资产　　　　　　　　　　　　　　　　　　　100
　　　　以前年度损益调整　　　　　　　　　　　　　　　　　　　25

借：盈余公积　　　　　　　　　　　　　　　　　　　　　7.5
　　利润分配——未分配利润　　　　　　　　　　　　　　67.5
　　　贷：以前年度损益调整　　　　　　　　　　　　　　　　　　75
2. 【答案】
（1）借：投资性房地产——成本　　　　　　　　　　　　　6 000
　　　　累计折旧　　　　　　　　　　　　　　　　　　　1 000
　　　　　贷：固定资产　　　　　　　　　　　　　　　　　　　6 000
　　　　　　　其他综合收益　　　　　　　　　　　　　　　　　1 000
（2）借：投资性房地产——公允价值变动　　　　　　　　　500
　　　　　贷：公允价值变动损益　　　　　　　　　　　　　　　500
（3）2×23 年末账面价值 = 6 500 万元

2×23 年末计税基础 = 5 000 - 200 = 4 800（万元）

2×23 年末应纳税暂时性差异 = 6 500 - 4 800 = 1 700（万元）

2×23 年末递延所得税负债金额 = 1 700 × 25% = 425（万元）

2×23 年确认计入其他综合收益的金额 = 1 000 × 25% = 250（万元）

2×23 年确认递延所得税费用 = 425 - 250 = 175（万元）

2×23 年甲公司应交所得税 =（10 000 - 500 - 200）× 25% = 2 325（万元）

2×23 年甲公司应确认的所得税费用 = 2 325 + 175 = 2 500（万元）

会计分录：

借：所得税费用　　　　　　　　　　　　　　　　　　　2 500
　　其他综合收益　　　　　　　　　　　　　　　　　　　250
　　　贷：应交税费——应交所得税　　　　　　　　　　　　　2 325
　　　　　递延所得税负债　　　　　　　　　　　　　　　　　425
（4）借：公允价值变动损益　　　　　　　　　　　　　　　900
　　　　　贷：投资性房地产——公允价值变动　　　　　　　　　900
（5）2×24 年末账面价值 = 5 600 万元

2×24 年末计税基础 = 5 000 - 200 - 200 = 4 600（万元）

2×24 年末应纳税暂时性差异 = 5 600 - 4 600 = 1 000（万元）

2×24 年末递延所得税负债金额 = 1 000 × 25% = 250（万元）

2×24 年确认递延所得税费用 = 250 - 425 = -175（万元）

2×24 年甲公司应交所得税 =（10 000 + 900 - 200）× 25% = 2 675（万元）

2×24 年甲公司应确认的所得税费用 = 2 675 - 175 = 2 500（万元）

会计分录：

借：所得税费用　　　　　　　　　　　　　　　　　　　2 500
　　递延所得税负债　　　　　　　　　　　　　　　　　　175
　　　贷：应交税费——应交所得税　　　　　　　　　　　　　2 675

2025 年度中级会计资格
《中级会计实务》全真模拟试题（五）
答案速查、参考答案及解析

答案速查

一、单项选择题

1. B	2. B	3. A	4. B	5. D
6. C	7. C	8. C	9. A	10. D

二、多项选择题

1. ABC	2. ABCD	3. ABD	4. CD	5. ABC
6. CD	7. AB	8. ABCD	9. ABCD	10. AD

三、判断题

1. √	2. ×	3. √	4. √	5. √
6. √	7. ×	8. ×	9. √	10. ×

参考答案及解析

一、单项选择题

1. 【答案】B

【解析】本题考查存货期末计量方法。甲公司 M 产品为 300 吨，由于其中 200 吨已签订销售合同，另外的 100 吨未签订销售合同，所以确定其账面价值时，应分别处理（见下表）：

单位：万元

项目	签订销售合同	未签订销售合同
成本	$200 \times 1.8 = 360$	$100 \times 1.8 = 180$
应确认的销售费用	$30 \times 200/300 = 20$	$30 \times 100/300 = 10$
可变现净值	$200 \times 2 - 20 = 380$	$100 \times 1.5 - 10 = 140$
应计提的存货跌价准备	0	$180 - 140 = 40$

甲公司 2×23 年 12 月 31 日库存 M 产品的账面价值 $= 360 + 180 - 40 = 500$（万元），选项 B 正确。

2.【答案】B

【解析】本题考查金融资产分类——金融资产的具体分类。甲企业该应收账款的业务模式符合"既以收取合同现金流量为目标又以出售该金融资产为目标"，且该应收账款符合本金加利息的合同现金流量特征，因此应当分类为以公允价值计量且其变动计入其他综合收益的金融资产，选项 B 正确。

3.【答案】A

【解析】本题考查股份支付的账务处理——可行权日之后。甲公司 2×24 年因管理人员行权增加的"资本公积——股本溢价"的金额 $= 285 + 75 - 10 = 350$（万元）。因此，选项 A 正确。

4.【答案】B

【解析】本题考查确定交易价格——合同中存在重大融资成分。甲公司该业务应作如下会计分录：

（1）2×22 年 1 月 1 日收到货款：

借：银行存款　　　　　　　　　　　　　　　　　　　400
　　未确认融资费用　　　　　　　　　　　　　　　　66.56
　　　贷：合同负债　　　　　　　　　　　　　　　　　　　466.56

（2）2×22 年 12 月 31 日确认融资成分影响：

借：财务费用　　　　　　　　　　　　　　　　　　　32
　　　贷：未确认融资费用　　　　　　　　　　　　　　　　32

（3）2×23 年 12 月 31 日确认融资成分影响：

借：财务费用　　　　　　　　　　　　　　　　　　34.56
　　　贷：未确认融资费用　　　　　　　　　　　　　　　34.56

（4）2×25 年 12 月 31 日交付 P 商品：

借：合同负债　　　　　　　　　　　　　　　　　　466.56
　　　贷：主营业务收入　　　　　　　　　　　　　　　466.56

因此，选项 A、C、D 错误，选项 B 正确。

5. 【答案】D

【解析】本题考查债务重组的方式——修改其他条款。修改债权和债务的其他条款，是债务人不以资产清偿债务，也不将债务转为权益工具，而是改变债权和债务的其他条款的债务重组方式，如调整债务本金、改变债务利息、变更还款期限等。因此，选项 D 为正确选项。

6. 【答案】C

【解析】本题考查非货币性资产交换的会计处理——以账面价值为基础计量的非货币性资产交换的会计处理。甲公司在非货币性资产交换中取得生产设备的入账价值 =（200 - 40）- 50 = 110（万元）。因此，选项 C 正确。

甲公司会计分录如下：

借：应收账款　　　　　　　　　　　　　　　50
　　固定资产　　　　　　　　　　　　　　　110
　　累计摊销　　　　　　　　　　　　　　　40
　　贷：无形资产　　　　　　　　　　　　　　　　200

7. 【答案】C

【解析】本题考查出租人对经营租赁的会计处理。

（1）该租赁并没有转移与租赁资产所有权有关的几乎全部风险与报酬，所以该租赁业务属于经营租赁业务，不属于融资租赁业务，选项 A 错误。

（2）出租人提供免租期的，出租人应将租金总额在不扣除免租期的整个租赁期内，按直线法或其他合理的方法进行分配，免租期内应当确认租金收入，甲公司 2×23 年确认租金收入 =（180×9/12 + 180 + 180）/3 = 165（万元），选项 B 错误。

（3）出租人发生的与经营租赁有关的初始直接费用应当资本化至租赁标的资产的成本，在租赁期内按照与租金收入相同的确认基础分期计入当期损益，选项 D 错误。

8. 【答案】C

【解析】本题考查持有待售类别的计量——划分为持有待售类别后的计量。持有待售的非流动资产不应计提折旧或摊销，选项 A 错误；2×24 年 1 月确认资产减值损失的金额 = 30 - 18 = 12（万元），选项 B 错误；划分为持有待售类别前确认的资产减值损失不得转回，2×24 年 2 月利润表中"资产减值损失"项目减少金额 = 18 - 30 = - 12（万元），选项 D 错误。

9. 【答案】A

【解析】本题考查非同一控制下企业合并的会计处理原则。

（1）吸收合并下企业合并成本大于合并中取得的被购买方可辨认净资产公允价值份额的差额，是购买方在其账簿及个别财务报表中确认为商誉，选项 B 错误。

（2）控股合并下企业合并成本小于合并中取得的被购买方可辨认净资产公允价值份额的差额，应在合并利润表中列示为当期的营业外收入，并在会计报表附注中予以说明，选项 C 错误。

（3）吸收合并下企业合并成本大于合并中取得的被购买方可辨认净资产公允价值

份额的差额，应计入合并当期购买方的个别利润表，选项 D 错误。

10.【答案】D

【解析】本题考查政府主体长期股权投资的会计核算。政府会计主体在取得长期股权投资时，应当按照实际成本作为初始投资成本，在持有期间通常采用权益法进行核算。本题中，长期股权投资账面余额 = 2 000 + 500 × 40% - 200 × 40% - 100 × 40% = 2 080（万元），选项 D 正确。

二、多项选择题

1.【答案】ABC

【解析】本题考查会计信息质量要求——实质重于形式。非货币性资产交换的一方直接或间接对另一方持股且以股东身份进行交易，应当适用权益性交易会计处理的有关规定，选项 D 错误。

2.【答案】ABCD

【解析】本题考查固定资产的后续支出——费用化后续支出。

（1）与存货的生产和加工相关的固定资产日常修理费用按照存货成本确定原则进行处理，应当通过"制造费用"科目核算。又因为，假定当期生产的产品全部对外销售，所以，"制造费用"科目的金额最终会转入"主营业务成本"科目，能够影响当期损益。因此，选项 A 正确。

（2）行政管理部门、企业专设的销售机构等发生的固定资产日常修理费用按照功能分类计入管理费用或销售费用。因此，选项 B、C、D 正确。

3.【答案】ABD

【解析】本题考查房地产的转换——房地产的转换形式及转换日。企业将原本用于经营管理的土地使用权改用于资本增值，则该房地产的转换日应确定为自用土地使用权停止自用后，确定用于资本增值的日期，选项 C 错误。

4.【答案】CD

【解析】本题考查识别与客户订立的合同——合同变更。由于售价不能反映该产品在合同变更时的单独售价，因此该合同变更不能作为单独合同进行会计处理。由于尚未转让给客户的产品（包括原合同中尚未交付的 100 件产品以及新增的 100 件产品）与已转让的产品是可明确区分的，因此，甲公司应当将该合同变更作为原合同终止，同时，将原合同的未履约部分与合同变更合并为新合同进行会计处理。所以，2 × 25 年甲公司应确认收入 = 100 × 1 + 100 × 0.9 = 190（万元），选项 C、D 正确。

5.【答案】ABC

【解析】本题考查租赁的合并。企业与同一交易方或其关联方在同一时间或相近时间订立的两份或多份包含租赁的合同，在符合下列条件之一时，应当合并为一份合同进行会计处理：

（1）该两份或多份合同基于总体商业目的而订立并构成"一揽子"交易，若不作为整体考虑则无法理解其总体商业目的。（选项 A 正确）

（2）该两份或多份合同中的某份合同的对价金额取决于其他合同的定价或履行情况。（选项 B 正确）

（3）该两份或多份合同让渡的资产使用权合起来构成一项单独租赁。（选项 C 正确）

6.【答案】CD

【解析】本题考查终止经营的定义。

（1）尽管零售门店是一个处置组，也符合持有待售类别的划分条件，但由于它只是一个零售点，不能代表一项独立的主要业务或一个单独的主要经营地区，也不构成拟对一项独立的主要业务或一个单独的主要经营地区进行处置的一项相关联计划的一部分，因此该处置组并不构成企业的终止经营，选项 A 错误。

（2）在完成现有合同的期间，分部 P 仍在继续开展收入创造活动，无论工程承包是不是 M 企业的独立的主要业务，在此期间分部 P 都不符合终止经营的定义，选项 B 错误。

【补充】终止经营，是指企业满足下列条件之一的，能够单独区分的组成部分，且该组成部分已经处置或划分为持有待售类别：

（1）该组成部分代表一项独立的主要业务或一个单独的主要经营地区。

（2）该组成部分是拟对一项独立的主要业务或一个单独的主要经营地区进行处置的一项相关联计划的一部分。

（3）该组成部分是专为转售而取得的子公司。

7.【答案】AB

【解析】本题考查非同一控制下控股合并的会计处理。调整后的子公司净利润 = 300 - [800 - (1 000 - 700)]/5 = 200（万元），母公司享有子公司净利润的部分 = 200 × 60% = 120（万元），少数股东损益 = 200 × 40% = 80（万元），归属于母公司的净利润 = 1 000 + 200 × 60% = 1 120（万元）。所以选项 A、B 正确。

8.【答案】ABCD

【解析】本题考查合并财务报表抵销业务的范围。母公司对子公司长期股权投资与对应子公司所有者权益中所享有的份额需要编制抵销分录进行抵销，选项 A 正确；子公司对母公司销售商品价款中包含的未实现内部销售利润，涉及母子公司内部商品交易的抵销，选项 B 正确；母公司和子公司之间的债权与债务，涉及母子公司内部债权债务的抵销，选项 C 正确；母公司向子公司转让无形资产价款中包含的未实现内部销售利润，涉及母子公司内部无形资产交易的抵销，选项 D 正确。

9.【答案】ABCD

【解析】本题考查需要进行会计估计的范围。会计估计，是指企业对其结果不确定的交易或事项以最近可利用的信息为基础所作的判断。预计负债计量金额的确定、应收账款未来现金流量的确定、建造合同履约进度的确定以及固定资产折旧方法的选择均需要进行会计估计，选项 A、B、C、D 正确。

10.【答案】AD

【解析】本题考查民间非营利组织财务会计报告的构成。民间非营利组织会计报表包括资产负债表、业务活动表和现金流量表三张基本报表以及会计报表附注。

三、判断题

1. 【答案】√

【解析】本题考查会计人员从事会计工作的基本要求——会计人员从事会计工作应当符合的基本要求。担任单位会计机构负责人（会计主管人员）、总会计师的人员，属于会计人员。因此，本题的说法是正确的。

2. 【答案】×

【解析】本题考查房地产转换——成本模式。企业将自用土地使用权或建筑物转换为采用成本模式计量的投资性房地产时，应当按该项建筑物或土地使用权在转换日的原价、累计折旧或摊销等，分别转入"投资性房地产""投资性房地产累计折旧（或累计摊销）""投资性房地产减值准备"科目，所以无须确认损益账户的金额。

3. 【答案】√

【解析】本题考查总部资产减值测试。总部资产只有出现减值迹象时，才需要进行减值测试。

4. 【答案】√

【解析】本题考查不同类金融资产之间的重分类。企业将以摊余成本计量的金融资产重分类为以公允价值计量且其变动计入当期损益的金融资产，应当按照该金融资产在重分类日的公允价值进行计量。

5. 【答案】√

【解析】本题考查其他长期职工福利的确认和计量。企业向职工提供的其他长期职工福利，符合设定提存计划条件的，应当按照设定提存计划的有关规定进行会计处理；符合设定受益计划条件的，应当按照设定受益计划的有关规定进行会计处理。

6. 【答案】√

【解析】本题考查借款费用范围。企业发生的权益性融资费用，不应包括在借款费用中。

7. 【答案】×

【解析】本题考查综合性项目的政府补助。对于同时包含与资产相关部分和与收益相关部分的政府补助，企业应当将其进行分解，区分不同部分分别进行会计处理；难以区分的，企业应当将其整体归类为与收益相关的政府补助进行会计处理。因此，本题的说法是错误的。

8. 【答案】×

【解析】本题考查所得税税率变化对递延所得税资产和递延所得税负债影响的确认与计量。因适用税收法规的变化，导致企业在某一会计期间适用的所得税税率发生变化的，企业应对已确认的递延所得税资产和递延所得税负债进行重新计量。递延所得税资产和递延所得税负债的金额代表的是有关可抵扣暂时性差异或应纳税暂时性差异于未来期间转回时，导致应交所得税金额减少或增加的情况。适用所得税税率的变化必然导致应纳税暂时性差异或可抵扣暂时性差异在未来期间转回时产生增加或减少应交所得税金额的变化，在适用所得税税率变化的情况下应对原已确认的递延所得税资产和递延所得税负债的金额进行调整，反映所得税税率变化带来的影响。

9.【答案】√

【解析】本题考查记账本位币的确定——境外经营记账本位币的确定。如果境外经营活动产生的现金流量直接影响企业的现金流量，并可随时汇回，境外经营应当选择与企业记账本位币相同的货币作为记账本位币；反之，应选择其他货币。因此，本题的说法是正确的。

10.【答案】×

【解析】本题考查资产负债表日后非调整事项的具体会计处理方法。资产负债表日后，企业利润分配方案中拟分配的以及经审议批准宣告发放的股利或利润，不确认为资产负债表日负债，但应当在财务报表附注中单独披露。

四、计算分析题

1.【答案】

（1）办公楼的建造成本 = 4 000 + 800 + 1 350 = 6 150（万元）

会计分录：

借：工程物资	4 000	
应交税费——应交增值税（进项税额）	520	
贷：银行存款		4 520
借：在建工程	6 150	
贷：工程物资		4 000
库存商品		800
应付职工薪酬		1 350
借：应付职工薪酬	1 350	
贷：银行存款		1 350
借：固定资产	6 150	
贷：在建工程		6 150

（2）甲公司 2×22 年应计提的折旧额 =（6 150 – 150）/50 × 3/12 = 30（万元）

会计分录：

借：管理费用	30	
贷：累计折旧		30
（3）借：投资性房地产——成本	6 400	
累计折旧	30	
贷：固定资产		6 150
其他综合收益		280

（4）2×23 年租金收入：

借：银行存款　　　　　　　　　　　　　　　500

　　贷：其他业务收入　　　　　　　　　　　　　　500

2×24 年租金收入：

借：银行存款　　　　　　　　　　　　　　　500

　　贷：其他业务收入　　　　　　　　　　　　　　500

2×23 年公允价值变动：

借：投资性房地产——公允价值变动　　　　　200

　　贷：公允价值变动损益　　　　　　　　　　　　200

（5）2×24 年 12 月 31 日，出售办公楼：

借：银行存款　　　　　　　　　　　　　　7 000

　　贷：其他业务收入　　　　　　　　　　　　　7 000

借：其他业务成本　　　　　　　　　　　　6 120

　　公允价值变动损益　　　　　　　　　　　200

　　其他综合收益　　　　　　　　　　　　　280

　　贷：投资性房地产——成本　　　　　　　　　6 400

　　　　　　　　　　——公允价值变动　　　　　200

2.【答案】

（1）2×23 年 1 月 1 日，购入乙公司债券：

借：交易性金融资产——成本　　　　　　　4 500

　　应收利息　　　　　　　　　　　　　　300

　　贷：银行存款　　　　　　　　　　　　　　4 800

（2）2×23 年 1 月 10 日，收到债券利息：

借：银行存款　　　　　　　　　　　　　　300

　　贷：应收利息　　　　　　　　　　　　　　　300

（3）2×23 年 12 月 31 日，确认利息收入：

借：交易性金融资产——应计利息　　　　　300

　　贷：投资收益　　　　　　　　　　　　　　　300

借：应收利息　　　　　　　　　　　　　　300

　　贷：交易性金融资产——应计利息　　　　　　300

2×24 年 1 月 10 日，收到利息：

借：银行存款　　　　　　　　　　　　　　300

　　贷：应收利息　　　　　　　　　　　　　　　300

（4）2×23 年 12 月 31 日：

借：交易性金融资产——公允价值变动　　　600

　　贷：公允价值变动损益　　　　　　　　　　　600

（5）2×24 年 3 月 10 日，出售乙公司债券：

借：银行存款　　　　　　　　　　　　　　5 150

贷：交易性金融资产——成本	4 500
——公允价值变动	600
投资收益	50

五、综合题

1.【答案】

（1）甲公司应该将与该事项相关的义务确认为预计负债。

理由：甲公司败诉的可能性是 80%，即为很可能败诉，且相关赔偿金能够可靠计量，因此甲公司在 2×23 年 12 月 31 日确认一项预计负债，预计负债的金额 = (80 + 120)/2 = 100（万元）。

会计分录如下：

借：营业外支出 100

    贷：预计负债 100

借：递延所得税资产 25

    贷：所得税费用 25

（2）实际发放职工薪酬 5 000 万元，不产生暂时性差异；计提职工教育经费产生可抵扣暂时性差异，应计入递延所得税资产。

理由：

①税法规定，实际发放的职工薪酬 5 000 万元准予税前全额扣除，不会产生暂时性差异，无须确认递延所得税费用。

②税法规定，按照当年实发工资总额 8% 的比例计提的职工教育经费，准予税前扣除，超出部分准许结转以后年度继续扣除。甲公司当年实际计提职工教育经费 560 万元，按照税法规定，税前准许扣除的金额 = 5 000×8% = 400（万元）。因为超出部分准许结转以后年度继续扣除，所以应付职工薪酬在账面价值大于计税基础的差额属于可抵扣暂时性差异，应计入递延所得税资产。

会计分录：

借：递延所得税资产 40

    贷：所得税费用 40

（3）资料（3）属于资产负债表日后调整事项。

理由：该未决诉讼在 2×23 年资产负债表日前已经存在，且属于日后期间进一步取得证据，所以属于资产负债表日后调整事项。

会计分录：

借：预计负债 100

    以前年度损益调整 10

    贷：其他应付款 110

借：以前年度损益调整 25

    贷：递延所得税资产 25

借：应交税费——应交所得税　　　　　　　　　（110×25%）27.5

　　贷：以前年度损益调整　　　　　　　　　　　　　　　　　27.5

借：利润分配——未分配利润　　　　　　　　　　　　6.75

　　盈余公积　　　　　　　　　　　　　　　　　　　0.75

　　贷：以前年度损益调整　　　　　　　　　　　　　　　　　7.5

（4）资料（4）属于 2×23 年资产负债表日后非调整事项。

理由：甲上市公司制订利润分配方案，拟分配或经审议批准宣告发放股利或利润的行为，并不会使公司在资产负债表日（2×23 年 12 月 31 日）形成现时义务，虽然发生该事项可导致公司负有支付股利或利润的义务，但支付义务在资产负债表日尚不存在，不应该调整资产负债表日的财务报告，因此，该事项为非调整事项。

会计处理方法：由于该事项对甲公司资产负债表日后的财务状况有较大影响，可能导致现金较大规模流出、公司股权结构变动等，为便于财务报告使用者更充分了解相关信息，甲上市公司需要在 2×23 年度财务报表附注中单独披露该信息。

2.【答案】

（1）甲公司 2×23 年 1 月 1 日需要调整对乙公司股权投资的初始入账价值。

2×23 年 1 月 1 日，甲公司该长期股权投资的初始投资成本 = 7 300 万元。

2×23 年 1 月 1 日，甲公司应享有乙公司可辨认净资产公允价值的份额 = 40 000 × 20% = 8 000（万元）。

因为 2×23 年 1 月 1 日甲公司该长期股权投资的初始投资成本 7 300 万元小于应享有乙公司可辨认净资产公允价值的份额 8 000 万元，所以，甲公司应调整长期股权投资账面价值，并将差额确认为营业外收入。

会计分录：

借：长期股权投资——投资成本　　　　　　　　　　　8 000

　　贷：银行存款　　　　　　　　　　　　　　　　　　　　7 300

　　　　营业外收入　　　　　　　　　　　　　　　　　　　　700

（2）2×23 年乙公司调整后净利润 = 6 000 – （1 000 – 600）+ （1 000 – 600）/10/2 = 5 620（万元）

2×23 年甲公司按照持股比例应确认的投资收益金额 = 5 620 × 20% = 1 124（万元）

2×23 年甲公司按照持股比例应确认其他综合收益金额 = 380 × 20% = 76（万元）

2×23 年末甲公司长期股权投资账面价值 = 8 000 + 1 124 + 76 = 9 200（万元）

会计分录：

借：长期股权投资——损益调整　　　　　　　　　　　1 124

　　贷：投资收益　　　　　　　　　　　　　　　　　　　　1 124

借：长期股权投资——其他综合收益　　　　　　　　　　76

　　贷：其他综合收益　　　　　　　　　　　　　　　　　　　76

（3）2×24 年 3 月 1 日，甲公司确认现金股利收入：

借：应收股利　　　　　　　　　　　　　　　　　　　200

  贷：长期股权投资——损益调整   200

2×24 年 3 月 10 日，甲公司收到现金股利：

  借：银行存款   200

    贷：应收股利   200

  （4）甲公司应确认初始投资成本 =（8 000 + 1 124 + 76 − 200）+ 2 000 × 10 = 29 000（万元）

  会计分录：

  借：长期股权投资   29 000

    贷：股本   2 000

      资本公积——股本溢价   18 000

      长期股权投资——投资成本   8 000

         ——损益调整   924

         ——其他综合收益   76

  （5）2×24 年 9 月 1 日甲公司应确认的合并商誉金额 = 29 000 − 45 000 × 60% = 2 000（万元）

2025 年度中级会计资格
《中级会计实务》全真模拟试题（六）
答案速查、参考答案及解析

答案速查

一、单项选择题

1. C	2. C	3. D	4. D	5. B
6. A	7. B	8. C	9. C	10. D

二、多项选择题

1. ABCD	2. ABC	3. AD	4. CD	5. ABC
6. ABD	7. AB	8. BC	9. ABD	10. BC

三、判断题

1. ×	2. ×	3. √	4. √	5. ×
6. ×	7. √	8. ×	9. ×	10. ×

参考答案及解析

一、单项选择题

1.【答案】C

【解析】本题考查的知识点是"存货的初始计量——外购的存货"。甲公司该批商品的入账价值 = 100 + 3 + 5 = 108（万元）。因此，选项 C 正确。

2.【答案】C

【解析】本题考查金融负债的后续计量。

（1）"应付债券"的初始入账价值 = 1 040 − 4.5 = 1 035.5（万元）。

（2）甲公司该债券的期初"应付债券——利息调整"余额 = 1 035.5 − 1 000 = 35.5（万元）。

（3）2×24 年，甲公司该债券的实际利息费用 = 1 035.5 × 3% × 9/12 = 23.30（万元）。

（4）2×24 年，甲公司该债券的应付利息 = 1 000 × 5% × 9/12 = 37.5（万元）。

（5）2×24 年末，甲公司该债券的"应付债券——利息调整"余额 = 35.5 − (37.5 − 23.30) = 21.3（万元）。

选项 C 正确。

3.【答案】D

【解析】本题考查借款费用的范围。借款费用包括借款利息、折价或溢价的摊销、辅助费用以及因外币借款而发生的汇兑差额。

4.【答案】D

【解析】本题考查的知识点是"确定交易价格——可变对价"。甲公司每台电视机的交易价格 = (3 500 × 40% + 3 300 × 30% + 3 200 × 20% + 3 000 × 10%) = 3 330（元），选项 D 正确。

5.【答案】B

【解析】本题考查的知识点是"非货币性资产交换的会计处理——以公允价值为基础计量的非货币性资产交换的会计处理"。甲公司该非货币性资产交换对当期损益的影响金额 = 700 − 40 − 680 = −20（万元）。因此，选项 B 正确。

甲公司会计分录如下：

借：长期股权投资——投资成本　　　　　　　　　　700
　　累计摊销　　　　　　　　　　　　　　　　　120
　　资产处置损益　　　　　　　　　　　　　　　20
　　贷：无形资产　　　　　　　　　　　　　　　　　　800
　　　　银行存款　　　　　　　　　　　　　　　　　　40

乙公司会计分录如下：

借：无形资产　　　　　　　　　　　　　　　　660
　　长期股权投资——损益调整　　　　　　　　　40
　　银行存款　　　　　　　　　　　　　　　　40
　　贷：长期股权投资——投资成本　　　　　　　　　　670
　　　　投资收益　　　　　　　　　　　　　　　　　　70

6.【答案】A

【解析】本题考查当期所得税。

（1）2×24 年初：

预计负债的账面余额 = 25 万元

预计负债的计税基础 = 0

因为预计负债的年初账面余额 25 万元大于其计税基础 0，所以，形成可抵扣暂时性差异 25 万元。

（2）2×24 年末：

预计负债的年末账面余额 = 25 + 15 − 6 = 34（万元）

预计负债的计税基础 = 0

因为预计负债的年初账面余额 25 万元大于其计税基础 0，所以，形成可抵扣暂时性差异 34 万元。

（3）当年递延所得税资产借方发生额 = 34 × 25% − 25 × 25% = 2.25（万元）

（4）当年应交所得税额 = (500 + 5 + 10 − 30 + 15 − 6) × 25% = 123.5（万元）

（5）当年所得税费用 = 123.5 − 2.25 = 121.25（万元）

选项 A 正确。

7. 【答案】B

【解析】本题考查编制合并资产负债表时应进行抵销处理的项目——长期股权投资与子公司所有者权益的抵销处理。合并资产负债表中归属于母公司所有者权益的金额 = 10 000 + (1 000 − 200) × 60% = 10 480（万元），选项 B 正确。

8. 【答案】C

【解析】本题考查会计政策变更的会计处理。该会计政策变更对甲公司 2×23 年的期初留存收益的影响金额 = [4 000 − (3 600 − 600)] × (1 − 25%) = 750（万元），选项 C 正确。

会计分录如下：

借：投资性房地产——成本		4 000
投资性房地产累计折旧		600
贷：投资性房地产		3 600
递延所得税负债		250
盈余公积		75
利润分配——未分配利润		675

9. 【答案】C

【解析】本题考查资产负债表日后事项的会计处理。资产负债表日后发生的非调整事项，应当在报表附注中披露每项重要的资产负债表日后非调整事项的性质、内容及其对财务状况和经营成果的影响，选项 A 说法正确。资产负债表日后调整事项应当调整资产负债表日财务报表有关项目，选项 B 说法正确。资产负债表日后事项，是指资产负债表日至财务报告批准报出日之间发生的有利或不利事项，而非全部事项，选项 C 说法错误；资产负债表日后调整事项是对资产负债表日存在的情况提供了新的或进一步的证据，选项 D 说法正确。

10. 【答案】D

【解析】本题考查非财政拨款专项结转资金的会计处理。年末，完成非财政拨款专项资金结转后，留归本单位使用的非财政拨款专项（项目已完成）剩余资金结转记入

"非财政拨款结余——结转转入"科目，选项 D 正确。

二、多项选择题

1.【答案】ABCD

【解析】本题考查的知识点是"国家统一的会计核算制度体系概述——企业会计准则制度"。《小企业会计准则》适用于在中华人民共和国境内依法设立的、符合《中小企业划型标准规定》所规定的小型企业标准的企业。但下列三类小企业除外：（1）股票或债券在市场上公开交易的小企业。（2）金融机构或其他具有金融性质的小企业。（3）企业集团内的母公司和子公司。因此，选项 A、B、C、D 正确。

2.【答案】ABC

【解析】本题考查的知识点是"存货期末计量方法——存货减值迹象的判断"。存货存在下列情形之一的，通常表明存货的可变现净值为零：（1）已霉烂变质的存货。（2）已过期且无转让价值的存货。（3）生产中已不再需要，并且已无使用价值和转让价值的存货。（4）其他足以证明已无使用价值和转让价值的存货。因此，选项 A、B、C 正确。

3.【答案】AD

【解析】本题考查使用寿命有限的无形资产。无形资产的残值一般为零，选项 A 正确；无法确定无形资产预期消耗方式的，应当采用直线法进行摊销，选项 B 错误；若无形资产的残值重新估计以后高于其账面价值的，则无形资产不再摊销，直至残值降至低于账面价值时再恢复摊销，选项 C 错误；无形资产的摊销金额一般应计入当期损益，但如果某项无形资产是专门用于生产某种产品或其他资产的，其所包含的经济利益是通过转入所生产的产品或其他资产中实现的，则该无形资产的摊销金额应当计入相关资产的成本，选项 D 正确。

4.【答案】CD

【解析】本题考查股份支付的确认和计量原则。丙公司按上年净利润的 5% 分配给在职员工属于利润分享计划，甲公司以其生产的产品分配给员工属于非货币性福利，选项 A、B 应按照职工薪酬准则进行会计处理。

5.【答案】ABC

【解析】本题考查的知识点是"非货币性资产交换的确认和计量原则——非货币性资产交换的计量原则"。非货币性资产交换同时满足下列两个条件的，应当以公允价值计量：

（1）该项交换具有商业实质；

（2）换入资产或换出资产的公允价值能够可靠地计量。

因此，选项 D 错误，选项 A、B、C 正确。

6.【答案】ABD

【解析】本题考查关于特定交易的会计处理——授予知识产权许可。本题中，甲公司除了授予知识产权许可外不存在其他履约义务。甲公司基于下列因素的考虑，认为该许可的相关收入应当在某一时段内确认：一是乙公司合理预期（根据甲公司以往的习惯做法），甲公司将实施对该知识产权许可产生重大影响的活动；二是合同要求乙公司必须使用甲公司创作的最新角色，这些角色塑造得成功与否，会直接对乙公司产生有利或不利影响；三是尽管乙公司可以通过该知识产权许可从这些活动中获益，但在这些活动发生时并没有导致向乙公司转让任何商品；由于合同规定乙公司在一段固定期间内可无限制地使用其取得授权许可的角色，因此，甲公司按照时间进度确定履约进度，选项 A、B、D 正确。

7.【答案】AB

【解析】本题考查债务重组定义。债务重组涉及的债权和债务，是符合金融资产和金融负债定义的债权和债务，针对合同资产、合同负债、预计负债等进行的交易安排，不属于债务重组，选项 C、D 错误。导致租赁应收款和租赁应付款终止确认的交易安排，属于债务重组。

8.【答案】BC

【解析】本题考查的知识点是"递延所得税资产的确认"。

（1）当资产的账面价值小于其计税基础与负债的账面价值大于其计税基础时，企业应当确认递延所得税资产。因此，选项 B、C 正确，选项 A 错误。

（2）拟长期持有的长期股权投资，因其联营企业实现净利润增加长期股权投资的账面价值，不确认递延所得税资产，选项 D 错误。

9.【答案】ABD

【解析】本题考查外币财务报表折算的一般原则。资产负债表中的资产和负债项目，采用资产负债表日的即期汇率折算，所有者权益项目除"未分配利润"项目外，其他项目采用发生时的即期汇率折算。

10.【答案】BC

【解析】本题考查出租人租赁分类。

（1）一项租赁存在下列一种或多种情形的，通常分类为融资租赁：

①在租赁期届满时，租赁资产的所有权转移给承租人。如果在租赁协议中已经约定，或者根据其他条件，在租赁开始日就可以合理地判断，租赁期届满时出租人会将资产的所有权转移给承租人，那么该项租赁通常分类为融资租赁。选项 B 正确。

②承租人有购买租赁资产的选择权，所订立的购买价款预计将远低于行使选择权时租赁资产的公允价值，因而在租赁开始日就可以合理确定承租人将行使该选择权。

③资产的所有权虽然不转移，但租赁期占租赁资产使用寿命的大部分（75% 及以上）。但是如果租赁资产是旧资产，在租赁前已使用年限超过资产全新时可使用年限的 75% 以上（含 75%）时，不能采用这条标准确定租赁的分类。选项 A 错误。

④在租赁开始日，租赁收款额的现值几乎相当于（通常指在 90% 以上）租赁资产的公允价值。选项 C 正确。

⑤租赁资产性质特殊，如果不作较大改造，只有承租人才能使用。

（2）承租人撤销租赁会对出租人丁公司造成的损失由承租人承担，属于可能分类为融资租赁的情形，选项 D 错误。

【提示】一项租赁存在下列一项或多项迹象的，也可能分类为融资租赁：

（1）若承租人撤销租赁，撤销租赁对出租人造成的损失由承租人承担。

（2）资产余值的公允价值波动所产生的利得或损失归属于承租人。例如，租赁结束时，出租人以相当于资产销售收益的绝大部分金额作为对租金的退还，说明承租人承担了租赁资产余值的几乎所有风险和报酬。

（3）承租人有能力以远低于市场水平的租金继续租赁至下一期间。

三、判断题

1. 【答案】×

【解析】本题考查固定资产折旧——固定资产折旧方法。工作量法是根据实际工作量计算每期应计提折旧额的一种方法。

2. 【答案】×

【解析】本题考查投资性房地产的确认条件和初始计量。投资性房地产初始计量时，应当按照成本进行计量。

3. 【答案】√

【解析】本题考查长期股权投资的减值。长期股权投资的减值准备在提取以后，不允许转回。

4. 【答案】√

【解析】本题考查资产预计未来现金流量现值的确定——外币未来现金流量及其现值的确定。预计资产的未来现金流量如果涉及外币，应将该外币现值按照计算资产未来现金流量现值当日的即期汇率进行折算。

5. 【答案】×

【解析】本题考查设定受益计划的确认和计量。企业应当将重新计量设定受益计划净负债或净资产所产生的变动计入其他综合收益，并且在后续会计期间不允许转回至损益，但企业可以在权益范围内转移这些在其他综合收益中确认的金额。

6. 【答案】×

【解析】本题考查综合性项目的政府补助。对于同时包含与资产相关部分和与收益相关部分的政府补助，企业应当将其进行分解，区分不同部分分别进行会计处理；难以区分的，企业应当将其整体归类为与收益相关的政府补助进行会计处理。

7. 【答案】√

【解析】本题考查租赁期——不可撤销期间。在确定租赁期和评估不可撤销租赁期间时，企业应根据租赁条款约定确定可强制执行合同的期间。如果承租人和出租人双方均有权在未经另一方许可的情况下终止租赁，且罚款金额不重大，则该租赁不再可强制执行。如果只有承租人有权终止租赁，则在确定租赁期时，企业应将该项权利视为承租人可行使的终止租赁选择权予以考虑。如果只有出租人有权终止租赁，则不可撤销的租赁期包括终止租赁选择权所涵盖的期间。

8.【答案】×

【解析】本题考查持有待售类别的计量——划分为持有待售类别后的计量。持有待售的非流动资产不应计提折旧或摊销。

9.【答案】×

【解析】本题考查合并报表中关于少数股东权益列报的会计处理。少数股东权益属于所有者权益，在合并财务报表中少数股东权益的列报金额可以为负数，本题表述错误。

10.【答案】×

【解析】本题考查会计估计变更的会计处理。企业变更固定资产预计使用年限属于会计估计变更，企业对会计估计变更应当采用未来适用法处理。本题表述错误。

四、计算分析题

1.【答案】

（1）借：投资性房地产　　　　　　　　　　　　　　　　2 450
　　　　累计折旧　　　　　　　　　　　　　　　　　　360
　　　　贷：固定资产　　　　　　　　　　　　　　　　　　2 450
　　　　　　投资性房地产累计折旧　　　　　　　　　　　　360

（2）2×21年1月1日，甲公司收取租金：

借：银行存款　　　　　　　　　　　　　　　　　　　300
　　贷：预收账款　　　　　　　　　　　　　　　　　　　300

2×21年1月31日，确认租金收入：

借：预收账款　　　　　　　　　　　　　　（300÷12）25
　　贷：其他业务收入　　　　　　　　　　　　　　　　　25

2×21年1月31日，结转租赁成本：

借：其他业务成本　　　　　　　　　　　　　　　　　10
　　贷：投资性房地产累计折旧　　　　　　　　　　　　　10

（3）借：投资性房地产——成本　　　　　　　　　　　2 000
　　　　投资性房地产累计折旧　　　　　　　　　　　600
　　　　贷：投资性房地产　　　　　　　　　　　　　　　2 450
　　　　　　利润分配——未分配利润　　　　　　　　　　135
　　　　　　盈余公积——法定盈余公积　　　　　　　　　15

（4）借：投资性房地产——公允价值变动　　　　　　　150
　　　　贷：公允价值变动损益　　　　　　　　　　　　　150

（5）借：银行存款　　　　　　　　　　　　　　　　2 100
　　　　贷：其他业务收入　　　　　　　　　　　　　　2 100

借：其他业务成本　　　　　　　　　　　　　　　2 150

```
贷：投资性房地产——成本                          2 000
          ——公允价值变动                         150
借：公允价值变动损益                         150
    贷：其他业务成本                                  150
```

2.【答案】

（1）该生产线的账面价值 = 20 + 30 + 50 = 100（万元）

可收回金额 = 60 万元

生产线应当确认减值损失 = 100 - 60 = 40（万元）

机器 A 应确认的减值损失 = 20 - 15 = 5（万元）

机器 B 应确认的减值损失 =（40 - 5）× 30/（30 + 50）= 13.13（万元）

机器 C 应确认的减值损失 =（40 - 5）× 50/（30 + 50）= 21.87（万元）

会计分录：

```
借：资产减值损失                                40
    贷：固定资产减值准备——机器 A                      5
              ——机器 B                   13.13
              ——机器 C                   21.87
```

（2）分摊减值损失后，资产组的账面价值 = 100 - 40 = 60（万元）

分摊减值损失后，机器 A 的账面价值 = 20 - 5 = 15（万元）

分摊减值损失后，机器 B 的账面价值 = 30 - 13.13 = 16.87（万元）

分摊减值损失后，机器 C 的账面价值 = 50 - 21.87 = 28.13（万元）

五、综合题

1.【答案】

（1）2×24 年 1 月 1 日，甲公司应将取得乙公司的股份分类为以公允价值计量且其变动计入当期损益的金融资产。

理由：甲公司持有该股权投资的主要目的是近期出售。

会计分录：

```
借：交易性金融资产——成本                       1 000
    投资收益                                10
    贷：银行存款                                   1 010
```

（2）2×24 年 3 月 31 日，该股权投资公允价值变动时：

```
借：交易性金融资产——公允价值变动                  200
    贷：公允价值变动损益                             200
```

（3）2×24 年 7 月 1 日，甲公司取得乙公司 20% 有表决权股份的初始投资成本 = 1 500 + 5 000 = 6 500（万元）

2×24 年 7 月 1 日，甲公司应享有的乙公司可辨认净资产的公允价值份额 = 40 000 × 20% = 8 000（万元）

由于 2×24 年 7 月 1 日甲公司取得乙公司 20% 有表决权股份的初始投资成本 6 500 万元小于应享有的乙公司可辨认净资产的公允价值份额 8 000 万元，所以，甲公司应将该长期股权投资的初始入账价值调整至 8 000 万元，差额记入"营业外收入"科目。

会计分录：

借：长期股权投资——投资成本　　　　　　　　　　　　　　6 500
　　贷：交易性金融资产——成本　　　　　　　　　　　　　1 000
　　　　　　　　　　　　——公允价值变动　　　　　　　　200
　　　　银行存款　　　　　　　　　　　　　　　　　　　5 000
　　　　投资收益　　　　　　　　　　　　　　　　　　　300
借：长期股权投资——投资成本　　　　　　　　　　　　　　1 500
　　贷：营业外收入　　　　　　　　　　　　　　　　　　　1 500
借：管理费用　　　　　　　　　　　　　　　　　　　　　100
　　贷：银行存款　　　　　　　　　　　　　　　　　　　100

（4）2×24 年乙公司调整后的净利润 = 5 000 - (1 000 - 750) × (1 - 60%) = 4 900（万元）

甲公司 2×24 年因持有乙公司股份而确认的投资收益 = 4 900 × 20% = 980（万元）

会计分录：

借：长期股权投资——损益调整　　　　　　　　　　　　　　980
　　贷：投资收益　　　　　　　　　　　　　　　　　　　980

（5）2×24 年 12 月 31 日，乙公司宣告发放现金股利时：

借：应收股利　　　　　　　　　　　　　　　　　　　　　100
　　贷：长期股权投资——损益调整　　　　　　　　　　　100

2.【答案】

（1）甲公司购买乙公司股权的成本 = 6 000 × 6.3 = 37 800（万元）

购买乙公司股权支付的审计费、法律费等中介费用 160 万元，应在发生时直接计入当期损益。

（2）甲公司购买乙公司股权在合并报表中应确认的商誉金额 = (6 000 - 9 000 × 60%) × 6.3 = 3 780（万元）

（3）乙公司 2×24 年度个别财务报表折算为母公司记账本位币时的外币报表折算差额 = (9 000 + 600) × 6.2 - (9 000 × 6.3 + 600 × 6.25) = -930（万元）

少数股东承担的外币报表差额 = -930 × 40% = -372（万元）

合并报表中列示的外币报表折算差额 = -930 × 60% = -558（万元）

（4）甲公司发行权益证券对股本的影响金额 = 200 × 1 = 200（万元）

甲公司发行权益证券对资本公积的影响金额 = 200 × 2.5 - 200 - 10 = 290（万元）

甲公司发行权益证券对所有者权益总额的影响金额 = 200 + 290 = 490（万元）

会计分录：

借：长期股权投资——成本　　　　　　　　　　　　　　　500

　　　　　贷：股本　　　　　　　　　　　　　　　　　　　　200

　　　　　　　资本公积　　　　　　　　　　　　　　　　　300

　　借：资本公积　　　　　　　　　　　　　　　　　　　　10

　　　　　贷：银行存款　　　　　　　　　　　　　　　　　　10

　　借：长期股权投资　　　　　　　　　　　　　　　　　　20

　　　　　贷：营业外收入　　　　　　　　　　　　　　　　　20

（5）调整抵销分录：

　　借：营业收入　　　　　　　　　　　　　　　　　　　　40

　　　　　贷：营业成本　　　　　　　　　　　　　　　　　　24

　　　　　　　投资收益　　　　　　　　　　　　　　　　　16

2025 年度中级会计资格
《中级会计实务》全真模拟试题（七）
答案速查、参考答案及解析

答案速查

一、单项选择题

1. B	2. A	3. D	4. B	5. C
6. B	7. D	8. C	9. B	10. A

二、多项选择题

1. AD	2. ACD	3. AC	4. CD	5. AC
6. ABC	7. ABCD	8. AB	9. ABCD	10. BD

三、判断题

1. ×	2. ×	3. ×	4. √	5. ×
6. ×	7. √	8. √	9. ×	10. ×

参考答案及解析

一、单项选择题

1.【答案】B

【解析】本题考查会计信息质量要求——谨慎性。

（1）企业对可能发生的资产减值损失计提资产减值准备、对售出商品可能发生的保修义务等确认预计负债等，都体现了会计信息质量的谨慎性要求，选项 B 正确。

（2）原材料的发出计价方法包括个别计价法、先进先出法、月末一次加权平均法、移动加权平均法，不含后进先出法，选项 D 错误。

（3）对固定资产加速计提折旧（即采用双倍余额递减法和年数总和法）体现谨慎性要求，但是采用年限平均法和工作量法计提折旧不属于谨慎性要求，选项 C 错误。

（4）谨慎性的应用不允许企业设置秘密准备，选项 A 错误。

2.【答案】A

【解析】本题考查投资性房地产的处置。甲公司处置该投资性房地产应确认的处置损益 =（6 500 − 6 400）+（6 000 − 4 800）= 1 300（万元），选项 A 正确。

会计分录如下：

借：银行存款	6 500
贷：其他业务收入	6 500
借：其他业务成本	6 000
公允价值变动损益	400
贷：投资性房地产——成本	6 000
——公允价值变动	400
借：其他综合收益	1 200
贷：其他业务成本	1 200

3.【答案】D

【解析】本题考查长期股权投资的初始计量——企业合并以外的其他方式取得的长期股权投资。

（1）甲公司该长期股权投资的初始投资成本 = 500 × 6 + 20 + 30 = 3 050（万元）

（2）甲公司享有的乙公司可辨认净资产的公允价值份额 = 17 500 × 20% = 3 500（万元）

因为甲公司该长期股权投资的初始投资成本 3 050 万元小于享有的乙公司可辨认净资产的公允价值份额 3 500 万元，所以，应当调整该长期股权投资的初始入账价值至享有的乙公司可辨认净资产的公允价值份额 3 500 万元，同时确认"营业外收入"450 万元。

因此，甲公司该长期股权投资的投资成本为 3 500 万元，选项 D 正确。

【提示】关于企业合并以外的其他方式取得的长期股权投资的初始计量有以下几种设问方式：

形式		解答思路
长期股权投资初始投资成本		付出资产、承担负债、发行权益工具的公允价值 + 中介费用
长期股权投资初始入账价值	初始投资成本	付出资产、承担负债、发行权益工具的公允价值 + 中介费用
	初始入账价值（或投资成本）	1. 初始投资成本 > 享有的可辨认净资产公允价值份额 初始入账价值 = 初始投资成本 2. 初始投资成本 < 享有的可辨认净资产公允价值份额 初始入账价值 = 享有的可辨认净资产公允价值份额 【注意】题目中如果设问形式是"投资成本"，则此处的"投资成本"是指"长期股权投资——投资成本"该科目的初始入账价值，因此，需要考虑长期股权投资的初始投资成本与享有的可辨认净资产公允价值份额的关系

4. 【答案】B

【解析】本题考查将交易价格分摊至各单项履约义务——分摊合同折扣。当合同中包含两项或多项履约义务时，需要将交易价格分摊至各单项履约义务，分摊的方法是在合同开始日，按照各单项履约义务所承诺商品的单独售价（企业向客户单独销售商品的价格）的相对比例，将交易价格分摊至各单项履约义务。

本题中，A 设备经常以 100 万元的价格单独销售，所以 A 设备的售价为 100 万元；B 和 C 设备经常以组合方式销售，组合价为 400 万元，且两设备单独售价分别为 300 万元与 200 万元，所以 B 设备和 C 设备的收入应使用售价总额扣除 A 设备价格后的金额，再按照各自单独售价的相对比例分摊确认。

（1）A 设备应确认的收入金额 = 100（万元）；

（2）B 设备应确认的收入金额 =（500 - 100）× 300/500 = 240（万元）；

（3）C 设备应确认的收入金额 =（500 - 100）× 200/500 = 160（万元）。

因此，选项 B 正确。

5. 【答案】C

【解析】本题考查政府补助退回。甲公司 2×23 年利润表中"营业利润"的影响金额 =（-500）× 5/15 × 9/12 = -125（万元），选项 C 正确。

会计分录如下：

（1）收到政府补助时：

借：银行存款   500

　　贷：递延收益   500

（2）购入不需要安装的环保生产设备时：

借：固定资产   800

　　贷：银行存款   800

借：递延收益   500

　　贷：固定资产   500

（3）计提 2×23 年环保生产设备的折旧：

甲公司 2×23 年该设备应计提的折旧额 = 300 × 5/15 × 9/12 = 75（万元）

借：制造费用   75

　　贷：累计折旧   75

（4）退回政府补助时：

甲公司因退回政府补助而需要补提的折旧额 =（-500）× 5/15 × 9/12 = -125（万元）

借：固定资产   500

　　其他收益   125

　　贷：银行存款   500

　　　　累计折旧   125

6. 【答案】B

【解析】本题考查债权债务的终止确认。终止确认的以公允价值计量且其变动计入其他综合收益的债权，之前计入其他综合收益的累计利得，应从"其他综合收益"科目转入"投资收益"科目，选项 B 错误。

7.【答案】D

【解析】本题考查资产的计税基础——固定资产。

（1）2×24 年 12 月 31 日，该设备账面价值 = 160 −（160 − 10）×（5/15 + 4/15）= 70（万元）；

（2）2×24 年 12 月 31 日，该设备计税基础 = 160 − 30 × 2 = 100（万元）；

（3）资产的账面价值小于计税基础，产生可抵扣暂时性差异，可抵扣暂时性差异的金额 = 100 − 70 = 30（万元）。

故选项 D 正确。

8.【答案】C

【解析】本题考查出租人对融资租赁的会计处理。融资租赁发生变更且同时符合下列条件的，出租人应当将该变更作为一项单独租赁进行会计处理：

（1）该变更通过增加一项或多项租赁资产的使用权而扩大了租赁范围或延长了租赁期限；（选项 C 错误）

（2）增加的对价与租赁范围扩大部分或租赁期限延长部分的单独价格按该合同情况调整后的金额相当。

9.【答案】B

【解析】本题考查合并资产负债表——编制合并资产负债表时应进行抵销处理的项目（内部债权与债务的抵销处理）。需要进行抵销处理的内部债权债务项目主要包括：

（1）应收票据与应付票据；

（2）应收账款与应付账款；

（3）预付款项与合同负债；

（4）债权投资（假定该项债券投资，持有方划归为以摊余成本计量的金融资产，如果划分为其他类的金融资产，原理相同）与应付债券；

（5）其他应收款（含应收利息、应收股利）与其他应付款（含应付利息、应付股利）。

选项 A、C、D 属于抵销项目，预付账款与预收账款不属于需要进行抵销处理的内部债权债务项目，选项 B 正确。

10.【答案】A

【解析】本题考查会计差错更正。

影响留存收益的金额为 10 × 12 ×（1 − 25%）= 90（万元），选项 A 正确。

本题会计分录为：

借：其他应收款等　　　　　　　　　　　　　　（10 × 12）120

　　贷：以前年度损益调整　　　　　　　　　　　　　　　　　　120

借：以前年度损益调整	30
贷：应交税费——应交所得税	（120×25%）30
借：以前年度损益调整	90
贷：盈余公积	9
利润分配——未分配利润	81

二、多项选择题

1. 【答案】AD

【解析】本题考查无形资产的初始计量——外购。购买无形资产的价款超过正常信用条件延期支付，实质上具有融资性质的，无形资产的成本以购买价款的现值为基础确定。实际支付的价款与购买价款的现值之间的差额，除按照《企业会计准则第17号——借款费用》应予资本化的以外，应当在信用期间内计入当期损益。

2×23年1月1日购入专利权：

借：无形资产	520
未确认融资费用	80
贷：银行存款	100
长期应付款	500

选项A、D正确，选项B、C错误。

2. 【答案】ACD

【解析】本题考查金融负债的分类。

（1）除下列各项外，企业应当将金融负债分类为以摊余成本计量的金融负债：

①以公允价值计量且其变动计入当期损益的金融负债，包括交易性金融负债（含属于金融负债的衍生工具）和指定为以公允价值计量且其变动计入当期损益的金融负债。

②不符合终止确认条件的金融资产转移或继续涉入被转移金融资产所形成的金融负债。

③不属于上述①或②情形的财务担保合同，以及不属于上述①情形的、以低于市场利率贷款的贷款承诺。

选项B错误，选项A正确。

（2）在非同一控制下的企业合并中，企业作为购买方确认的或有对价形成金融负债的该金融负债应当按照以公允价值计量且其变动计入当期损益进行会计处理，选项C正确。

（3）企业对金融负债的分类一经确定，不得变更，选项D正确。

3. 【答案】AC

【解析】本题考查职工薪酬的概念和内容。

（1）按照国家规定的基础和比例计提的基本养老保险，属于离职后福利中的设定提存计划，选项B错误。

（2）企业在员工正式退休之前实施的职工内部退休计划，应当比照辞退福利进行会计处理，选项 D 错误。

4.【答案】CD

【解析】本题考查或有事项的计量——预计负债的计量。

（1）如果或有事项仅涉及单个项目，最佳估计数应当按照最可能发生的金额确定。因此，选项 A 错误。

（2）企业应当考虑可能影响履行现时义务所需金额的相关未来事项。也就是说，对于这些未来事项，如果有足够的客观证据表明它们将发生，如未来技术进步、相关法规出台等，则应当在预计负债计量中予以考虑，但不应考虑预期处置相关资产形成的利得。因此，选项 B 错误。

5.【答案】AC

【解析】本题考查的知识点是"债务重组的定义——关于债权和债务的范围"。债务重组涉及的债权和债务，是符合金融资产和金融负债定义的债权和债务，针对合同资产、合同负债、预计负债等进行的交易安排，不属于债务重组，导致租赁应收款和租赁应付款终止确认的交易安排，属于债务重组。因此，选项 A、C 正确。

6.【答案】ABC

【解析】本题考查特定交易或事项涉及递延所得税的确认。与当期及以前期间直接计入所有者权益的交易或事项相关的当期所得税及递延所得税应当计入所有者权益。直接计入所有者权益的交易或事项主要有：

（1）对会计政策变更采用追溯调整法或对前期差错更正采用追溯重述法调整期初留存收益；（选项 A、B 正确）

（2）以公允价值计量且其变动计入其他综合收益的金融资产的公允价值的变动计入其他综合收益；（选项 C 正确）

（3）自用房地产转为采用公允价值模式计量的投资性房地产时公允价值大于原账面价值的差额计入其他综合收益等。

7.【答案】ABCD

【解析】本题考查的知识点是"记账本位币的确定——企业记账本位币的确定"。企业选定记账本位币，应当考虑的因素有：（1）该货币主要影响商品和劳务的销售价格，通常以该货币进行商品和劳务的计价和结算；（2）该货币主要影响商品和劳务所需人工、材料和其他费用，通常以该货币进行上述费用的计价和结算；（3）融资活动获得的货币以及保存从经营活动中收取款项所使用的货币。因此，选项 A、B、C、D 正确。

8.【答案】AB

【解析】本题考查持有待售类别的分类原则。非流动资产或处置组划分为持有待售类别，应当同时满足两个条件：

（1）可立即出售，即根据类似交易中出售此类资产或处置组的惯例，在当前状况下即可立即出售。

（2）出售极可能发生，即企业已经就一项出售计划作出决议且获得确定的购买承诺。

选项 A、B 正确。

9. 【答案】ABCD

【解析】本题考查前期差错的概念。前期差错通常包括以下四个方面：

（1）计算错误；（选项 A 正确）

（2）应用会计政策错误；（选项 B 正确）

（3）疏忽或曲解事实以及舞弊产生的影响；（选项 C 正确）

（4）存货、固定资产盘盈等。（选项 D 正确）

10. 【答案】BD

【解析】本题考查民间非营利组织受托代理业务的会计处理。甲民间非营利组织在该项业务当中，只是起到中介人的作用，应作为受托代理业务核算。收到受托代理资产时，应该确认受托代理资产和受托代理负债，选项 B、D 正确。

三、判断题

1. 【答案】×

【解析】本题考查存货期末计量原则。企业预计的销售存货现金流量，并不完全等于存货的可变现净值。存货在销售过程中可能发生的销售费用和相关税费，以及为达到预定可销售状态还可能发生的加工成本等相关支出，构成现金流入的抵减项目。企业预计的销售存货现金流量，扣除这些抵减项目后，才能确定存货的可变现净值。

2. 【答案】×

【解析】本题考查固定资产的后续支出。企业对固定资产进行定期检查发生的大修理费用，有确凿的证据表明符合固定资产确认条件的部分，应予以资本化计入固定资产的成本。

3. 【答案】×

【解析】本题考查资产组减值测试。资产组经减值测试发生减值的，应首先抵减分摊至资产组中商誉的账面价值。

4. 【答案】√

【解析】本题考查金融资产分类——企业管理金融资产的业务模式。在初始确认时，如果能够消除或显著减少会计错配，企业可以将金融资产指定为以公允价值计量且其变动计入当期损益的金融资产。该指定一经作出，不得撤销。

5. 【答案】×

【解析】本题考查的是股份支付的确认和计量原则。只要满足非市场条件，企业就应当确认相关成本费用。

6. 【答案】×

【解析】本题考查的知识点是"债权债务的终止确认——修改其他条款"。如果重组债务未来现金流量（包括支付和收取的某些费用）现值与原债务的剩余期间现金流量现值之间的差异超过 10%，则意味着新的合同条款进行了"实质性修改"或者重组债务是"实质上不同"的，有关现值的计算均采用原债务的实际利率。

7.【答案】√

【解析】本题考查使用权资产的后续计量——使用权资产的减值。使用权资产减值准备一经计提，后期不得转回。

8.【答案】√

【解析】本题考查出租人对融资租赁的会计处理。出租人取得的未纳入租赁投资净额计量的可变租赁付款额，如与资产的未来绩效或使用情况挂钩的可变租赁付款额，应当在实际发生时计入当期损益。

9.【答案】×

【解析】本题考查行政事业单位受托代理业务。转赠物资的委托人取消了对捐赠物资的转赠要求，且不再收回捐赠物资的，应当将转赠物资转为单位的存货、固定资产等，同时确认其他收入。

10.【答案】×

【解析】本题考查捐赠收入。民间非营利组织对于其接受的劳务捐赠，不予确认，但应当在会计报表附注中作相关披露。

四、计算分析题

1.【答案】

（1）①计算换出资产、换入资产公允价值总额：

换出资产公允价值总额 = 320 + 85 + 600 = 1 005（万元）

换入资产公允价值总额 = 400 + 800 = 1 200（万元）

②确定换入资产总成本：

换入资产总成本 = 320 + 85 + 600 + 45 = 1 050（万元）

③计算确定换入各项资产的公允价值占换入资产公允价值总额的比例：

库存商品公允价值占换入资产公允价值总额的比例 = 400/（400 + 800）= 33.33%

长期股权投资公允价值占换入资产公允价值总额的比例 = 800/（400 + 800）= 66.67%

④计算确定换入各项资产的成本：

库存商品成本 = 1 050 × 33.33% = 350（万元）

长期股权投资成本 = 1 050 × 66.67% = 700（万元）

⑤会计分录：

借：固定资产清理　　　　　　　　　　　　　　　　　300

　　累计折旧　　　　　　　　　　　　　　　　　　　200

　　　贷：固定资产　　　　　　　　　　　　　　　　　　　500

借：长期股权投资　　　　　　　　　　　　　　　　700

库存商品	350
应交税费——应交增值税（进项税额）	52
累计摊销	120
贷：无形资产	200
固定资产清理	300
交易性金融资产——成本	480
——公允价值变动	80
应交税费——应交增值税（销项税额）	46.7
资产处置损益	25
投资收益	40
银行存款	50.3

（2）①计算换出资产、换入资产公允价值总额：

换出资产公允价值总额 = 400 + 800 = 1 200（万元）

换入资产公允价值总额 = 320 + 85 + 600 = 1 005（万元）

②确定换入资产总成本：

换入资产总成本 = 400 + 800 - 45 = 1 155（万元）

③计算确定换入各项资产的公允价值占换入资产公允价值总额的比例：

机器设备公允价值占换入资产公允价值总额的比例 = 320/（320 + 85）= 79.01%

专利权公允价值占换入资产公允价值总额的比例 = 85/（320 + 85）= 20.99%

④计算确定换入各项资产的成本：

交易性金融资产成本 = 600（万元）

机器设备成本 = （1 155 - 600）× 79.01% = 438.52（万元）

办公楼成本 = （1 155 - 600）× 20.99% = 116.48（万元）

⑤会计分录：

借：交易性金融资产——成本	600
固定资产	438.52
无形资产	116.48
应交税费——应交增值税（进项税额）	46.7
银行存款	50.3
贷：主营业务收入	400
长期股权投资——投资成本	560
——损益调整	125
——其他综合收益	25
——其他权益变动	10
应交税费——应交增值税（销项税额）	52
投资收益	80
借：其他综合收益	25

资本公积——其他资本公积	10
贷：投资收益	35

2. 【答案】

（1）2×23 年 6 月 30 日工程的履约进度 = 5 400/12 000 × 100% = 45%

2×23 年 6 月 30 日工程的合同收入 = 16 000 × 45% = 7 200（万元）

会计分录：

借：合同结算——收入结转	7 200
贷：主营业务收入	7 200
借：主营业务成本	5 400
贷：合同履约成本	5 400
借：应收账款	8 175
贷：合同结算	7 500
应交税费——应交增值税（销项税额）	675
借：银行存款	7 400
贷：应收账款	7 400

（2）2×23 年 12 月 31 日工程的履约进度 = 9 000/12 500 × 100% = 72%

2×23 年 12 月 31 日工程的合同收入 = 16 000 × 72% − 7 200 = 4 320（万元）

会计分录：

借：合同结算——收入结转	4 320
贷：主营业务收入	4 320
借：主营业务成本	3 600
贷：合同履约成本	3 600
借：应收账款	4 905
贷：合同结算	4 500
应交税费——应交增值税（销项税额）	405
借：银行存款	5 800
贷：应收账款	5 800

（3）2×24 年 6 月 30 日工程的履约进度 = 12 500/12 500 × 100% = 100%

2×24 年 6 月 30 日工程的合同收入 = 16 000 × 100% − 7 200 − 4 320 = 4 480（万元）

会计分录：

借：合同结算——收入结转	4 480
贷：主营业务收入	4 480
借：主营业务成本	3 500
贷：合同履约成本	3 500
借：应收账款	4 360
贷：合同结算	4 000
应交税费——应交增值税（销项税额）	360

| 借：银行存款 | 4 240 |
| 贷：应收账款 | 4 240 |

五、综合题

1. 【答案】

（1）会计分录如下：

借：信用减值损失	300
贷：坏账准备	300
借：递延所得税资产	75
贷：所得税费用	75

【提示】应收账款账面价值为 2 700 万元，计税基础为 3 000 万元，账面价值小于计税基础，产生可抵扣暂时性差异 300 万元（3 000 – 2 700），满足条件应确认递延所得税资产 75 万元（300×25%）。

（2）不属于资产负债表日后调整事项。

理由：债务重组在资产负债表日并不存在，而是在日后期间新发生的事项，属于非调整事项。

（3）会计分录如下：

借：固定资产	2 500
坏账准备	300
投资收益	（3 000 – 300 – 2 500）200
贷：应收账款	3 000

（4）会计分录如下：

借：银行存款	（1×1 000）1 000
贷：主营业务收入	[1×1 000×（1 – 20%）] 800
预计负债	（1×1 000×20%）200
借：递延所得税资产	（200×25%）50
贷：所得税费用	50

【提示】预计负债账面价值为 200 万元，计税基础为 0，账面价值大于计税基础，产生可抵扣暂时性差异 200 万元（200 – 0），满足条件应确认递延所得税资产 50 万元（200×25%）。

借：主营业务成本	[0.8×1 000×（1 – 20%）] 640
应收退货成本	（0.8×1 000×20%）160
贷：库存商品	（0.8×1 000）800
借：所得税费用	（160×25%）40
贷：递延所得税负债	40

【提示】应收退货成本账面价值为 160 万元，计税基础为 0，账面价值大于计税基础，产生应纳税暂时性差异 160 万元（160 – 0），满足条件应确认递延所得税负债 40

万元（160×25%）。

（5）会计分录如下：

借：预计负债　　　　　　　　　　　　　　　　　　　　200
　　贷：银行存款　　　　　　　　　　　　　　　　（1×150）150
　　　　主营业务收入　　　　　　　　　　　　（200-150）50
借：库存商品　　　　　　　　　　　　　　　　（0.8×150）120
　　主营业务成本　　　　　　　　　　　　　　（160-120）40
　　贷：应收退货成本　　　　　　　　　　　　　　　　　160
借：所得税费用　　　　　　　　　　　　　　　　　　　　50
　　贷：递延所得税资产　　　　　　　　　　　　　　　　　50
借：递延所得税负债　　　　　　　　　　　　　　　　　　40
　　贷：所得税费用　　　　　　　　　　　　　　　　　　　40

【提示】退货期满，预计负债、应收退货成本全部冲减至0，不存在暂时性差异，将原确认的递延所得税予以转回。

2.【答案】

（1）2×21 年 1 月 1 日，发行公司债券时：

借：银行存款　　　　　　　　　　　　　　　　　　　7 650
　　应付债券——利息调整　　　　　　　　　　　　　　350
　　贷：应付债券——面值　　　　　　　　　　　　　8 000

（2）甲公司 2×21 年 12 月 31 日的票面利息 = 8 000×5% = 400（万元）

甲公司 2×21 年 12 月 31 日的实际利息 =（8 000-350）×6.04% = 462.06（万元）

借：在建工程　　　　　　　　　　　　　　　　　　462.06
　　贷：应付债券——应计利息　　　　　　　　　　　　400
　　　　　　　——利息调整　　　　　　　　　　　62.06
借：应付债券——应计利息　　　　　　　　　　　　　400
　　贷：银行存款　　　　　　　　　　　　　　　　　　400

（3）甲公司 2×23 年 12 月 31 日的票面利息 = 8 000×5% = 400（万元）

甲公司 2×23 年 12 月 31 日的实际利息 =[（8 000+62.06+65.81）-350]×6.04% = 469.78（万元）

借：在建工程　　　　　　　　　　　　　　　　　　469.78
　　贷：应付债券——应计利息　　　　　　　　　　　　400
　　　　　　　——利息调整　　　　　　　　　　　69.78
借：应付债券——应计利息　　　　　　　　　　　　　400
　　贷：银行存款　　　　　　　　　　　　　　　　　　400

（4）甲公司 2×25 年 12 月 31 日的票面利息 = 8 000×5% = 400（万元）

甲公司 2×25 年 12 月 31 日的实际利息 = 350-62.06-65.81-69.78-74 = 78.35（万元）

借：在建工程　　　　　　　　　　　　　　　478.35
　　　贷：应付债券——应计利息　　　　　　　　　　　　　400
　　　　　　　　　　——利息调整　　　　　　　　　　　　78.35
借：应付债券——面值　　　　　　　　　　　　8 000
　　　　　　——应计利息　　　　　　　　　　400
　　　贷：银行存款　　　　　　　　　　　　　　　　　　8 400

2025 年度中级会计资格
《中级会计实务》全真模拟试题（八）
答案速查、参考答案及解析

答案速查

一、单项选择题

1. C	2. B	3. A	4. D	5. C
6. C	7. C	8. B	9. D	10. A

二、多项选择题

1. ABD	2. ABCD	3. ACD	4. ABCD	5. ABD
6. ABCD	7. CD	8. BCD	9. ABC	10. ABD

三、判断题

1. ×	2. √	3. √	4. ×	5. ×
6. √	7. ×	8. √	9. ×	10. ×

参考答案及解析

一、单项选择题

1. 【答案】C

【解析】本题考查投资性房地产的范围。投资性房地产主要包括已出租的土地使用权、持有并准备增值后转让的土地使用权和已出租的建筑物。因此，选项 C 正确。

2. 【答案】B

【解析】本题考查金融资产和金融负债的后续计量——金融资产的后续计量。企业将一项以公允价值计量且其变动计入其他综合收益的金融资产重分类为以公允价值计量且其变动计入当期损益的金融资产的，应当继续以公允价值计量该金融资产。同时，企业应当将之前计入其他综合收益的累计利得或损失从其他综合收益转入当期损益（即公允价值变动损益）。因此，选项 B 正确。

3.【答案】A

【解析】本题考查短期利润分享计划的确认和计量。企业根据经营业绩或职工贡献等情况提取的奖金，属于奖金计划，应当比照短期利润分享计划进行会计处理。所以，甲公司该奖金计划应作如下会计分录：

借：销售费用　　　　　　　　　　　　　　　　　　　　　　40
　　贷：应付职工薪酬　　　　　　　　　　　　　　　　　　　　40

因此，选项 A 正确。

4.【答案】D

【解析】本题考查将交易价格分摊至各单项履约义务——分摊合同折扣。

M 生产设备分配的交易价格 = (1 200 - 300) × 700/(700 + 500) = 525（万元），选项 D 正确。

5.【答案】C

【解析】本题考查非货币性资产交换的会计处理——以公允价值为基础计量的非货币性资产交换的会计处理。

该项非货币性资产交换对甲公司 2×24 年损益的影响金额 = (500 - 80) - (1 000 - 600) = 20（万元），选项 C 正确。

6.【答案】C

【解析】本题考查政府补助的定义及其特征。甲公司收到的财政补贴属于甲公司定向低价销售商品形成的款项，应作为甲公司销售商品取得收入的一部分。会计分录为：

借：银行存款　　　　　　　　　　　　　　　　　　　　1 000
　　贷：主营业务收入　　　　　　　　　　　　　　　　　　1 000
借：主营业务成本　　　　　　　　　　　　　　　　　　　750
　　贷：库存商品　　　　　　　　　　　　　　　　　　　　750

选项 C 正确。

7.【答案】C

【解析】本题考查出租人对经营租赁的会计处理——租金的处理。出租人提供免租期的，出租人应收租金总额在不扣除免租期的整个租赁期内，按直线法或其他合理的方法进行分配，免租期内应当确认租金收入。出租人承担了承租人某些费用的，出租人应将该费用自租金收入总额中扣除，按扣除后的租金收入余额在租赁期内进行分配。甲公司 2×24 年度应确认的租金收入 = (15 × 10 - 6)/12 × 4 = 48（万元）。因此，选项 C 正确。

8.【答案】B

【解析】本题考查持有待售类别的计量——划分为持有待售类别时的计量。

甲公司上述业务影响 2×24 年损益的金额 = 30 - (100 - 60) = -10（万元），选项 B 正确。

会计分录如下：

（1）该设备划分持有待售类别前：

借：资产减值损失　　　　　　　　　　　　　　　　　　　　　10

　　贷：固定资产减值准备　　　　　　　　　　　　　　　　　　　　　10

（2）该设备划分持有待售类别时：

借：固定资产清理　　　　　　　　　　　　　　　　　　　　　30

　　累计折旧　　　　　　　　　　　　　　　　　　　　　　　60

　　固定资产减值准备　　　　　　　　　　　　　　　　　　　10

　　贷：固定资产　　　　　　　　　　　　　　　　　　　　　　　　100

借：持有待售资产　　　　　　　　　　　　　　　　　　　　　30

　　贷：固定资产清理　　　　　　　　　　　　　　　　　　　　　　　30

9.【答案】D

【解析】本题考查编制合并现金流量表时应进行抵销处理的项目。甲公司在编制 2×24 年度合并现金流量表时，"销售商品、提供劳务收到的现金"项目应抵销的金额 = 2 500 + 325 = 2 825（万元），选项 D 正确。

10.【答案】A

【解析】本题考查资产负债表日后调整事项的具体会计处理方法。

该事项导致甲公司 2×24 年 12 月 31 日资产负债表"未分配利润"项目"期末余额"调整增加的金额 =（500 - 300）×75% ×90% =135（万元），选项 A 正确。

会计分录如下：

借：预计负债　　　　　　　　　　　　　　　　　　　　　500

　　贷：以前年度损益调整——营业外支出　　　　　　　　　　　　　200

　　　　其他应付款　　　　　　　　　　　　　　　　　　　　　　300

借：以前年度损益调整——所得税费用　　　　　　　　　　　200

　　贷：递延所得税资产　　　　　　　　　　　　　　　　　　　　　200

借：应交税费——应交所得税　　　　　　　　　　　　　　　150

　　贷：以前年度损益调整——所得税费用　　　　　　　　　　　　　150

借：以前年度损益调整　　　　　　　　　　　　　　　　　　150

　　贷：盈余公积　　　　　　　　　　　　　　　　　　　　　　　　15

　　　　利润分配——未分配利润　　　　　　　　　　　　　　　　135

二、多项选择题

1.【答案】ABD

【解析】本题考查会计人员职业道德规范。《会计人员职业道德规范》中规定，新时代会计人员职业道德的要求有：（1）坚持诚信，守法奉公；（2）坚持准则，守则敬业；（3）坚持学习，守正创新。因此，选项 A、B、D 正确。

2.【答案】ABCD

【解析】本题考查无形资产使用寿命的确定——估计无形资产使用寿命应当考虑的因素。确定无形资产的经济寿命，通常应考虑以下因素：（1）该资产通常的产品寿命周期，以及可获得的类似资产使用寿命的信息；（2）技术、工艺等方面的现实情况及对未来发展的估计；（3）以该资产生产的产品或服务的市场需求情况；（4）现在或潜在的竞争者预期采取的行动；（5）为维持该资产产生未来经济利益的能力预期的维护支出及企业预计支付有关支出的能力；（6）对该资产的控制期限，对该资产使用的法律或类似限制，如特许使用期间、租赁期间等；（7）与企业持有的其他资产使用寿命的关联性。因此，选项 A、B、C、D 正确。

3. 【答案】ACD

【解析】本题考查资产减值的概念及范围。

资产存在减值迹象是资产需要进行减值测试的必要前提，但下列情形除外，无论是否存在减值迹象，至少应当于每年年末进行减值测试：

（1）企业合并形成的商誉。

（2）使用寿命不确定的无形资产。

（3）尚未达到可使用状态的无形资产。

选项 A、C、D 正确。

4. 【答案】ABCD

【解析】本题考查权益法——投资损益的确认、被投资单位其他综合收益变动的处理。

（1）乙公司取得其他权益工具投资转让收益 30 万元，影响甲公司"长期股权投资——其他综合收益"科目。因此，选项 A 正确。

（2）乙公司收到用于补偿已发生费用的政府补助 50 万元，会使乙公司当期损益的金额增加，进而影响"长期股权投资——损益调整"科目。因此，选项 B 正确。

（3）乙公司持有的其他债权投资公允价值增加 100 万元，影响甲公司"长期股权投资——其他综合收益"科目。因此，选项 C 正确。

（4）乙公司宣告分派现金股利 1 000 万元，影响"长期股权投资——损益调整"科目。因此，选项 D 正确。

5. 【答案】ABD

【解析】本题考查的是股份支付的类型。乙公司作为母公司，授予子公司（甲公司）高管 100 万股甲公司的普通股，应作为现金结算的股份支付处理。甲公司作为子公司，接受母公司的股权激励，不具有结算义务，应作为权益结算的股份支付处理，以授予日权益工具的公允价值为基础确认管理费用和资本公积，选项 A、B 错误，选项 C 正确；如果不满足连续服务满 3 年的条件，乙公司将回购授予甲公司高管人员的股票，因此，等待期为 3 年，应在 3 年内分摊股权激励费用，选项 D 错误。

6. 【答案】ABCD

【解析】本题考查借款费用资本化期间的确定——借款费用停止资本化的点。购建或者生产符合资本化条件的资产达到预定可使用或者可销售状态时，借款费用应当停止资本化，其中，判断所购建或者生产的符合资本化条件的资产达到预定可使用或者可销售状态的时点，具体可从以下几个方面进行判断：

（1）符合资本化条件的资产的实体建造（包括安装）或者生产活动已经全部完成或者实质上已经完成。

（2）所购建或者生产的符合资本化条件的资产与设计要求、合同规定或者生产要求相符或者基本相符，即使有极个别与设计、合同或者生产要求不相符的地方，也不影响其正常使用或者销售。

（3）继续发生在所购建或生产的符合资本化条件的资产上的支出金额很少或者几乎不再发生。

（4）购建或者生产符合资本化条件的资产需要试生产或者试运行的，在试生产结果表明资产能够正常生产出合格产品，或者试运行结果表明资产能够正常运转或者营业时，应当认为该资产已经达到预定可使用或者可销售状态。

选项 A、B、C、D 正确。

7.【答案】CD

【解析】本题考查债务重组的定义。

（1）债权人通过其他人对债务人持股，且持股方以股东身份进行债务重组，属于债权人直接或间接对债务人持股，或者债务人直接或间接对债权人持股，且持股方以股东身份进行债务重组的情形，故属于权益性交易，选项 C 正确；

（2）同一母公司控制下的债权人减免债务人部分本金，且作为债务人接受的权益性投入，属于债权人与债务人在债务重组前后均受同一方或相同多方的最终控制，且该债务重组的交易实质是债权人或债务人进行了权益性分配或接受了权益性投入，选项 D 正确。

8.【答案】BCD

【解析】本题考查非货币性资产交换的会计处理——以公允价值为基础计量的非货币性资产交换的会计处理。对于换出资产，企业应当在终止确认换出资产时，将换出资产的公允价值与其账面价值之间的差额计入当期损益。计入当期损益的会计处理，视换出资产的类别不同而有所区别：

（1）换出资产为固定资产、在建工程、生产性生物资产和无形资产的，应当视同资产处置处理，计入当期损益部分通过"资产处置损益"科目核算。

（2）换出资产为投资性房地产的，按换出资产公允价值或换入资产公允价值确认其他业务收入，按换出资产账面价值结转其他业务成本，二者之间的差额计入当期损益。

（3）换出资产为长期股权投资的，应当视同长期股权投资处置处理，计入当期损益部分通过"投资收益"科目核算。

（4）换出资产为存货的，应当按照收入准则进行会计处理，确认收入、结转成本。因此，选项 B、C、D 正确。

9.【答案】ABC

【解析】本题考查暂时性差异——可抵扣暂时性差异。

（1）因预提产品质量保证费用而确认的预计负债，如果税法规定，与产品售后服务相关的费用可以在实际发生时税前扣除，则该项预计负债的计税基础为0，预计负债的账面价值大于其计税基础，产生可抵扣暂时性差异，选项A正确。

（2）超过税法扣除标准，允许结转以后年度继续扣除的广告费，其账面价值为0，计税基础=广告费的账面价值－税法规定允许扣除的金额，产生可抵扣暂时性差异，选项B正确。

（3）用于生产商品的原材料，因可变现净值低于账面价值而计提存货跌价准备，如果税法规定，企业的资产在发生实质性损失时可予税前扣除，则该原材料的账面价值小于其计税基础，产生可抵扣暂时性差异，选项C正确。

（4）期末其他权益工具投资的公允价值上升，如果税法规定，资产在持有期间公允价值的变动不计入当期应纳税所得额，待处置时一并计算应计入应纳税所得额的金额，则该其他权益工具投资的账面价值大于其计税基础，产生应纳税暂时性差异，选项D错误。

10.【答案】ABD

【解析】本题考查编制合并利润表时应进行抵销处理的项目。

（1）2×24年度少数股东损益=600×20%=120（万元）。因此，选项A正确。

（2）2×24年12月31日少数股东权益=4 000×20%+（600－200）×20%=880（万元）。因此，选项B正确。

（3）2×24年12月31日归属于母公司的股东权益=8 000+（600－200）×80%=8 320（万元），选项D正确，选项C错误。

三、判断题

1.【答案】×

【解析】本题考查存货初始计量——其他方式取得存货。投资者投入存货的成本，应当按照投资合同或协议约定的价值确定，但合同或协议约定价值不公允的除外。

2.【答案】√

【解析】本题考查权益法——被投资单位除净损益、其他综合收益以及利润分配以外的所有者权益的其他变动。被投资单位除净损益、其他综合收益以及利润分配以外的所有者权益的其他变动的因素，主要包括被投资单位接受其他股东的资本性投入、被投资单位发行可分离交易的可转债中包含的权益成分、以权益结算的股份支付、其他股东对被投资单位增资导致投资方持股比例变动等。投资方应按所持股权比例计算应享有的份额，调整长期股权投资的账面价值，同时计入资本公积（其他资本公积），并在备查簿中予以登记，投资方在后续处置股权投资但对剩余股权仍采用权益法核算时，应按处置比例将这部分资本公积转入当期投资收益；对剩余股权终止权益法核算时，将这部分资本公积全部转入当期投资收益。

3.【答案】√

【解析】本题考查金融负债的分类。在非同一控制下的企业合并中，企业作为购买方确认的或有对价形成金融负债的，该金融负债应当按照以公允价值计量且其变动计入当期损益进行会计处理。

4.【答案】×

【解析】本题考查政府补助的定义及其特征——政府补助的特征。对于企业收到的来源于其他方的补助，有确凿证据表明政府是补助的实际拨付者，其他方只起到代收代付作用的，该项补助也属于来源于政府的经济资源。因此，本题的说法是错误的。

5.【答案】×

【解析】本题考查外币财务报表折算的一般原则。实质上构成对子公司净投资的外币货币项目以母公司或子公司的记账本位币反映的，应在抵销长期应收应付项目的同时，将其产生的汇兑差额转入"其他综合收益"项目。

6.【答案】√

【解析】本题考查前期差错更正的会计处理。对于不重要的、影响损益的前期差错，企业应将涉及损益的金额直接调整发现差错当期的利润表项目。

7.【答案】×

【解析】本题考查合并财务报表中因抵销未实现内部交易损益产生的递延所得税。企业在编制合并财务报表时，因抵销未实现内部销售损益导致合并资产负债表中资产、负债的账面价值与其在纳入合并范围的企业按照适用税法规定确定的计税基础之间产生暂时性差异的，在合并资产负债表中应当确认递延所得税资产或递延所得税负债，同时调整合并利润表中的所得税费用，但与直接计入所有者权益的交易或事项及企业合并相关的递延所得税除外。

8.【答案】√

【解析】本题考查资产负债表日后事项的概念。资产负债表日后事项是指自年度资产负债表日至财务会计报告批准报告日之间发生的有利或不利事项。

9.【答案】×

【解析】本题考查政府资产入账金额的计量。对于存货、固定资产、无形资产而言，其成本按照有关凭证注明的金额加上相关税费等确定，没有相关凭证可供取得、也未经资产评估的，其成本比照同类或类似资产的市场价格加上相关税费等确定。本题表述错误。

10.【答案】×

【解析】本题考查净资产的重分类。如果限定性净资产的限制已经完全解除，应当对净资产进行重分类，将限定性净资产转为非限定性净资产，借记"限定性净资产"科目，贷记"非限定性净资产"科目。民间非营利组织应当区分限制解除的不同情况，确定将限定性净资产转为非限定性净资产的金额。本题表述错误。

四、计算分析题

1.【答案】

（1）甲公司销售柜式空调确认保修费的金额 = 4 000 × 0.5 × (1% + 2%)/2 = 30（万元）

会计分录：

甲公司销售柜式空调确认保修费：

借：主营业务成本   30

    贷：预计负债   30

甲公司实际发生维修费：

借：预计负债   25

    贷：银行存款   10

        原材料   15

（2）甲公司应选择执行合同。

理由：甲公司履行合同发生的损失 = $10 \times (19.5 - 18) = 15$（万元）

甲公司不履行合同支付的违约金 = $10 \times 18 \times 20\% = 36$（万元）

因为甲公司履行合同发生的损失金额小于不履行合同支付的违约金，所以甲公司应选择执行合同。

会计分录：

借：主营业务成本   15

    贷：预计负债   15

（3）与甲公司重组义务有关的直接支出：

①辞退员工将支付的补偿款 1 050 万元；

②撤销厂房租赁合同将支付的违约金 75 万元。

重组义务应确认的预计负债 = $1\,050 + 75 = 1\,125$（万元）

2.【答案】

（1）甲公司 2×23 年度资本化利息的金额：

甲公司 2×23 年专门借款发生的利息金额 = $1\,000 \times 6\% = 60$（万元）

甲公司 2×23 年专门借款闲置期间进行短期投资的收益金额 = $700 \times 0.5\% \times 5 + 300 \times 0.5\% \times 6 + 100 \times 0.5\% \times 1 = 27$（万元）

甲公司 2×23 年度专门借款资本化利息的金额 = $60 - 27 = 33$（万元）

会计分录：

借：在建工程   33

    银行存款   27

    贷：长期借款——应计利息   60

（2）甲公司 2×24 年度资本化利息的金额：

甲公司 2×24 年专门借款资本化利息的金额 = $1\,000 \times 6\% - 100 \times 0.5\% \times 6 = 57$（万元）

甲公司 2×24 年占用一般借款的资本化利率 = $(300 \times 6\% + 200 \times 8\% \times 10/12) / (300 + 200 \times 10/12) = 6.71\%$

甲公司 2×24 年占用一般借款的资产支出加权平均数 = $300 \times 6/12 + 200 \times 0/12 = 150$（万元）

甲公司 2×24 年一般借款资本化利息的金额 = $150 \times 6.71\% = 10.07$（万元）

会计分录：

借：在建工程	67.07	
财务费用	21.26	
银行存款	3	
贷：长期借款——应计利息		78
应付债券——应计利息		13.33

五、综合题

1. 【答案】

（1）租赁期为 15 年。

理由：甲公司在租赁期开始时经评估后认为，其可以合理确定将行使续租选择权，因此，租赁期确定为 15 年。

（2）租赁付款额 = $14 \times 3\,000 = 42\,000$（万元）

租赁负债的初始入账金额 = $3\,000 \times (P/A，6\%，14) = 3\,000 \times 9.2950 = 27\,885$（万元）

（3）使用权资产的成本 = $27\,885 + 3\,000 + 60 \times (P/F，6\%，15) + 45 = 30\,955.04$（万元）

借：使用权资产	30 955.04	
租赁负债——未确认融资费用	14 115	
贷：租赁负债——租赁付款额		42 000
银行存款		3 045
预计负债		25.04

（4）甲公司转租柜台构成一项租赁。

理由：一项合同被分类为租赁，必须要满足三要素：

①存在一定期间（甲公司与商户签订 3 年的租赁协议）；

②存在已识别资产（甲公司将指定区域的专柜租赁给商户）；

③资产供应方向客户转移对已识别资产使用权的控制（该专柜使用期间几乎全部经济利益由商户获得）。

转租情况下，原租赁合同和转租赁合同都是单独协商的，交易对手也是不同的企业，因此，该转租构成一项租赁。

（5）甲公司转租柜台属于经营租赁。

理由：转租赁期限为 3 年，原租赁期限为 15 年，转租赁期限占原租赁期限的 20%，小于 75%，因此属于经营租赁。

（6）核算原则：按照上述租赁合同约定，租赁付款额按照租赁资产年运营收入的一定比例计算，属于可变租赁付款额，但该可变租赁付款额不取决于指数或比率的变化，而是取决于租赁资产的未来绩效，因此不应被纳入租赁负债的初始计量中，应在实际发生时计入当期损益。

借：销售费用   1 110

  贷：银行存款   1 110

（7）借：银行存款   800

   贷：租赁收入   800

2.【答案】

（1）会计分录如下：

借：长期股权投资   2 300

  贷：银行存款   2 300

商誉 = 合并成本 - 享有被投资方可辨认净资产公允价值的份额 = 2 300 - 3 000 × 70% = 200（万元）

（2）会计分录如下：

2×24 年 3 月 10 日：

借：应收股利   210

  贷：投资收益   210

2×24 年 4 月 1 日：

借：银行存款   210

  贷：应收股利   210

（3）会计分录如下：

借：营业收入   60

  贷：营业成本   60

借：营业成本 $[(60 - 45) \times 20\%]$ 3

  贷：存货   3

借：少数股东权益 $(3 \times 30\%)$ 0.9

  贷：少数股东损益   0.9

（4）少数股东权益 = $[3\ 000 + (500 - 3) - 300] \times 30\%$ = 959.1（万元）

少数股东损益 = $(500 - 3) \times 30\%$ = 149.1（万元）

提示：少数股东损益 =（子公司实现的净利润 - 子公司向集团内其他公司销售商品未实现内部交易损益）× 子公司少数股东持股比例 = $(500 - 3) \times 30\%$ = 149.1（万元）

少数股东权益 = 乙公司自购买日持续计算的可辨认净资产公允价值 × 子公司少数股东持股比例 = $[3\ 000 + (500 - 3) - 300] \times 30\%$ = 959.1（万元）

其中，3 000 万元为 2×24 年 1 月 1 日各项可辨认净资产账面价值，（500 - 3）万元为 2×24 年度乙公司调整后的净利润，-300 万元为乙公司宣告分派现金股利 300 万元。

（5）会计分录如下：

借：银行存款   2 600

  贷：长期股权投资   2 300

    投资收益   300